اندوختہ

انور شعورؔ

First Paperback Edition: January 2017
Book Name: Andokhta
Category: Urdu Poetry
Poet: Anwar Shaoor
Title: Raja Ishaq
Language: Urdu

Publisher: Andaaz Publications
    4616 E Jaeger Rd
    Phoenix, AZ 85050 USA
Email: admin@andaazpublications.com
Web: www.andaazpublications.com
Ordering Information: available from amazon.com and
    other retail outlets

ISBN: 978-0-9985157-2-4

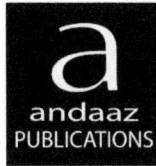

a
andaaz
PUBLICATIONS

انتساب

نئی نسل کے نام

اچھا خاصا بیٹھے بیٹھے گُم ہو جاتا ہوں
اب میں اکثر میں نہیں رہتا تم ہو جاتا ہوں

ترتیب

یہ خود کو دیکھتے رہنے کی ہے جو خُو مجھ میں	۱۲
یہ مت پوچھو کہ کیسا آدمی ہوں	۱۴
پیو کہ ماحَصلِ ہوش کس نے دیکھا ہے	۱۶
سلیمانِ سخن تو خیر کیا ہوں	۱۸
دیکھ لیا شعورؔ کو زندہ دِلی کے باوجود	۲۰
جو سنتا ہوں کہوں گا میں، جو کہتا ہوں سنوں گا میں	۲۱
یہ نہ پوچھو، کیا مجھے مل جائے گا	۲۴
چمن میں کل اِک جوہری دَنگ تھا	۲۶
کافی ہے کوئی شکل بس اِک بار دیکھنا	۲۷
اِس میں کیا شک ہے کہ آوارہ ہوں میں	۲۹
بالغ نظری وقت سے پہلے نہیں آتی	۳۲
کڑا ہے دِن، بڑی ہے رات جب سے تم نہیں آئے	۳۳
دِل یہ کس کے دَر جاتا ہے	۳۴

۳۶	آدمی کو خاک نے پیدا کیا
۳۸	جن مقامات سے وہ صرف گزر جاتے ہیں
۳۹	یہ غلط ہے اور وہ ٹھیک ہے یہ روا ہے اور وہ ناروا
۴۰	ہزار بار بلانے پہ گو نہ آئے وہ
۴۲	نہ رہے گا کوئی اتنا جو کہے پسِ تباہی
۴۳	ٹوٹا طلسمِ وقت تو کیا دیکھتا ہوں میں
۴۵	وہ جب سے انکار کے بجائے مجسم اقرار ہو گئے ہیں
۴۷	پریشانی کی ذمے دار قسمت ہی نہیں ہوتی
۴۸	کبھی بدن، کبھی چہرہ نظر نہیں آتا
۴۹	ہم نوائی کی اُمید اے مرے فن کس سے کروں
۵۰	ہم سے نفرت نہ کی کہ چاہ نہ کی
۵۲	اگر چہ اُس سے بچھڑ کر لکھا بہت کچھ ہے
۵۴	ہم یہ سوچ کے ساری ساری رات نہیں سوتے
۵۵	یاد کرو، جب رات ہوئی تھی
۵۷	چاند کو جب قریب سے دیکھا
۵۸	کب سے ہے انتظار آ جاؤ
۶۱	بہت دِن رہ لیے ناراض، اب مِن جائیں ہم دونوں
۶۲	دھوکا کریں، فریب کریں یا دغا کریں
۶۴	تمھاری سنگدلی کا نہیں جواب کہ تم
۶۵	میں اپنے آپ سے پیچھا چھڑا کے
۶۷	دورِ تعلیمِ محبت میں ہمارے مابین
۶۸	کھلتی نہیں زبان ترے رو برو ہنوز
۷۰	ہر آنکھ والا روتا رہے گا

میں خاک ہوں، آب ہوں، ہوا ہوں ۷۱

مجھے یہ جستجو کیوں ہو کہ کیا ہوں اور کیا تھا میں ۷۳

جو کچھ کہو قبول ہے، تکرار کیا کروں ۷۵

خورشید جہاں تاب نہیں، چیز دگر ہے ۷۷

آپ اپنے کو دیکھیے صاحب ۷۸

آنکھ سے دُور کیا گیا ہے کوئی ۷۹

ملی نہیں ہے شراب طہور کچھ دِن سے ۸۲

کسی شام چپکے سے ڈر آئے گا ۸۳

دیکھ تو گھر سے نکل کر کہ گلی میں کیا ہے ۸۵

یہ مصرعِ مستانہ نہ اُٹھا اے دلِ کوزہ ۸۷

بشارت ہو کہ اب مجھ سا کوئی پاگل نہ آئے گا ۹۱

گوکٹھن ہے طے کرنا عمر کا سفر تنہا ۹۳

ہوتے ہیں بیدار ہمارے احساسات اکیلے میں ۹۴

اکیلے کیا پسِ دیوار و دَر گئے ہم تم ۹۵

کب تک کرے کسی سے محبت بھی آدمی ۹۷

یہاں اَبر چھائے بہت دِن ہوئے ۹۸

اور نہ دَر بہ دَر پھرا، اور نہ آزما مجھے ۱۰۰

نہ سہ سکوں گا، غمِ ذات گو اکیلا میں ۱۰۲

پلکوں میں رات شعلہ سا لرزاں ہوا تو ہے ۱۰۴

یاد بھی آئے کبھی دِل کو تو وہ یاد آئے ۱۰۶

ختم ہر اچھا بُرا ہو جائے گا ۱۰۸

کچھ دِنوں اپنے گھر رہا ہوں میں ۱۱۰

نیند بھی جب کبھی مری ایک نگاہ دیکھنا ۱۱۲

وہ لب میری نظر کے سامنے ہے	۱۱۳
آوارہ ہوں رَین بسیرا کوئی نہیں میرا	۱۱۴
تہی دست بھی جو چلے آئے تھے	۱۱۶
نہ بے رُخی کبھی برتی نہ التفات کیا	۱۱۸
کیا چاہیے نہ تھا یہ کبھی پوچھنا تمہیں	۱۲۰
فقط دِن گزار رہا ہے یا رات کی ہے	۱۲۲
جو چہرے پر نظر آتی ہے میرے	۱۲۴
کٹ چکی تھی یہ نظر سب سے بہت دِن پہلے	۱۲۵
پہچان نہیں پاتے وہ جب نظر آتے ہیں	۱۲۷
سبزہ ہوا نہ پھول کِھلے اِس بہار میں	۱۲۹
خوار پھرتا ہوں جہاں میں ٹھوکریں کھاتا ہوں میں	۱۳۱
مبادا اُس گلی میں جاؤں تو للکار دے کوئی	۱۳۲
ذہن میرا جلا کے رُخ پر ہے	۱۳۳
سارے شریف، سارے کمینے گزر گئے	۱۳۵
ظاہر ہے کہ جنسِ دِل خفیہ بھی نہیں ملتی	۱۳۶
کوئی شام، کوئی سحر جائے گا	۱۳۷
اِس خیاباں میں جسے لوگ اِرم جانتے ہیں	۱۳۹
خاک ہوں، اور خاکسار ہوں میں	۱۴۰
حیران ہے زمیں کہ یہ بے پر کا آدمی	۱۴۱
کئی دِن سے ستا رہا مجھ میں ہے	۱۴۲
کیا بیابان، کیا نگر جاؤ	۱۴۳
ہمیشہ خوش بیانی میں رہا ہے	۱۴۵
پاتا نہیں، چاہتا بہت ہوں	۱۴۶

تم نے جو عہد کیے تھے وہ سبھی توڑے ہیں ۱۴۷

نہ ہوں آنکھیں تو پیکر کچھ نہیں ہے ۱۴۹

ایک ہیں سب، جدا نہیں کوئی ۱۵۰

کنارے آج کشتی لگ رہی ہے ۱۵۱

خیالوں میں پرواز کرنے کا شوق ۱۵۳

اس بیاباں سے دل بھر رہا ہے ۱۵۴

گئے تھے ہم بڑے تیار ہوکر ۱۵۵

مری حیات ہے بس رات کے اندھیرے تک ۱۵۶

خودکشی ہی کا ارادہ ہے تو پھر ۱۵۸

کوئی ڈھونڈے تو کیا ملتا نہیں ہے ۱۵۹

صورتیں کیا بدلتا رہوں میں ۱۶۰

مہر بہ لب ہی رہوں یا غمِ دل وا کروں ۱۶۲

وہ گل فروش کہاں اب، گلاب کس سے لوں ۱۶۳

اب کہ میں جب کی طرح بے سرو سامان نہیں ۱۶۴

آ کہ ترستا ہوں میں ہم سفری کے لیے ۱۶۵

نہ پوچھو مصریو! کیا چاہیے ہے ۱۶۶

اصرار کہاں کرواتا ہے ۱۶۸

معراج بھی ہر رات کے مانند نکل جائے ۱۷۱

تری تلاش میں نکلے ہوؤں کا حصہ ہیں ۱۷۲

قلاش گو زمین پہ مجھ سا کوئی نہیں ۱۷۴

کچھ دن تو کر تعاون اے خوش صفات مجھ سے ۱۷۵

سوال ہی نہیں دنیا سے میرے جانے کا ۱۷۶

دل کی کلی کھلے کئی موسم گزر گئے ۱۷۷

کچھ لکیریں روز نقشے سے مٹا دیتی ہے آگ	۱۷۸
اگرچہ ہیں وہ اِسی شہر کے مکینوں میں	۱۷۹
دھیان میں وادریچۂ چشمِ کرم کیے ہوئے	۱۸۰
خدا کا شکر، سہارے بغیر بیت گئی	۱۸۱
سرو کو، سوسن کو، سنبل کو، سمن کو کیا ملا	۱۸۲
کماں بر دوش و آہن پوش رہتا	۱۸۴
فرشتوں سے بھی اچھا میں برا ہونے سے پہلے تھا	۱۸۵
میں تمہی کو کر رہا تھا یاد آؤ	۱۸۶
موضوعِ گفتگو تری تقدیر ہوگئی	۱۸۷
میں اپنی قدر اُس کے در پہ جا کے دیکھ آیا ہوں	۱۸۸
بازاروں میں پھرتے پھرتے دِن بیت گیا	۱۹۰
ہو گئے دِن جنہیں بھلائے ہوئے	۱۹۱
توفیقِ علم و شرافت نہیں مجھے	۱۹۳
ایسے دیکھا ہے کہ دیکھا ہی نہ ہو	۱۹۵
سامنے آ کر وہ کیا رہنے لگا	۱۹۷

اب آگئے ہو تو کچھ دیر دیکھ لینے دو

کبھی کبھی تو یہ چہرہ دکھائی دیتا ہے

❋

یہ خود کو دیکھتے رہنے کی ہے جو خُو مجھ میں
چھپا ہوا ہے کہیں وہ شگفتہ رُو مجھ میں

مہ و نجوم کو تیری جبیں سے نسبت دوں
اب اِس قدر بھی نہیں عادتِ غلُو مجھ میں

تغیراتِ جہاں دِل پہ کیا اثر کرتے
ہے تیری اب بھی وہی شکل ہو بہو مجھ میں

رفو گروں نے عجب طبع آزمائی کی
رہی سرے سے نہ گنجایشِ رفو مجھ میں

وہ جس کے سامنے میری زباں نہیں کھلتی
اُسی کے ساتھ تو ہوتی ہے گفتگو مجھ میں

خدا کرے کہ اُسے دِل کا راستہ مل جائے
بھٹک رہی ہے کوئی چاپ کُو بہ کُو مجھ میں

اُس ایک زہرہ جبیں کے طفیل جاری ہے
تمام زہرہ جبینوں کی جستجو مجھ میں

نہیں پسند مجھے شعر و شاعری کرنا
کبھی کبھار بس اُٹھتی ہے ایک ہُو مجھ میں

میں زندگی ہوں، مجھے اِس قدر نہ چاہ شعورؔ
مسافرانہ اقامت گزیں ہے تُو مجھ میں

❇

یہ مت پوچھو کہ کیسا آدمی ہوں
کروگے یاد، ایسا آدمی ہوں

مرا نام و نسب کیا پوچھتے ہو
ذلیل و خوار و رُسوا آدمی ہوں

تعارف اور کیا اِس کے سوا ہو
کہ میں بھی آپ جیسا آدمی ہوں

زمانے کے جھمیلوں سے مجھے کیا
مری جاں! میں تمہارا آدمی ہوں

چلے آیا کرو میری طرف بھی
محبت کرنے والا آدمی ہوں

توجہ میں کمی بیشی نہ جانو
عزیزو! میں اکیلا آدمی ہوں

گزاروں ایک جیسا وقت کب تک
کوئی پتھر ہوں میں یا آدمی ہوں

شعورؔ آجاؤ میرے ساتھ لیکن
میں اِک بھٹکا ہوا سا آدمی ہوں

﷽

پیو کہ ماحَصَلِ ہوش کس نے دیکھا ہے
تمام وہم و گماں ہے، تمام دھوکا ہے

نہ کیوں ہو صاحبِ جامِ جہاں نما کو حسد
شراب سے مجھے اپنا سراغ ملتا ہے

کسی نے خواب کے ریزے پلک پلک چُن کر
جو شاہکار بنایا ہے، ٹوٹ سکتا ہے

میں انتظار کروں گا اگر مری فریاد
ابھی سکوت بہ گلشن، صدا بہ صحرا ہے

زہے نصیب اُسے بھی مرا خیال آیا
مگر یہ بات حقیقت نہیں، تمنا ہے

کہاں وہ بام، کہاں میں اور آج کا موسم
کہ جاؤں بھی تو وہ سمجھے ہوا کا جھونکا ہے

خمیر ایک ہے سب کا تو اے زمین، اے ماں
زبان و مذہب و قوم و وطن، یہ سب کیا ہے

غلط سہی مگر آساں نہیں کہ یہ نکتہ
کسی حکیم نے اپنے لہو سے لکھا ہے

پیمبروں کو اُتارا گیا تھا قوموں پر
خدا نے مجھ پہ مگر قوم کو اُتارا ہے

اُسی غریب کا کیا کیجیے گلہ کہ شعورؔ
یہاں تو کوئی کسی کا نہیں، یہ دنیا ہے

سلیمانِ سخن تو خیر کیا ہوں
یکے از شہر یارانِ سَبا ہوں

وہ جب کہتے ہیں، فردا ہے خوش آیند
عجب حسرت سے مُڑ کر دیکھتا ہوں

فراق اے ماں کہ میں زینہ بہ زینہ
کلی ہوں، گل ہوں، خوشبو ہوں، صبا ہوں

سحر اور دوپہر اور شام اور شب
میں اِن لفظوں کے معنی سوچتا ہوں

کہاں تک کاہلی کے طعن سنتا
تھکن سے چُور ہوکر گِر پڑا ہوں

ترقی پر مبارک باد مت دو
رفیقو! میں اکیلا رہ گیا ہوں

کبھی روتا تھا اُس کو یاد کرکے
اب اکثر بے سبب رونے لگا ہوں

سنے وہ، اور پھر کرلے یقیں بھی
بڑی ترکیب سے سچ بولتا ہوں

دیکھ لیا شعورؔ کو زندہ دِلی کے باوجود
ایک اُداس نسل کا ایک اُداس آدمی

✲

جو سنتا ہوں کہوں گا میں، جو کہتا ہوں سنوں گا میں
ہمیشہ محبَسِ نطق و سماعت میں رہوں گا میں

نہیں ہے تلخ گوئی شیوۂ سنجیدگاں لیکن
مجھے وہ گالیاں دیں گے تو کیا چپ سادھ لوں گا میں

کم از کم گھر تو اپنا ہے، اگر ویران بھی ہوگا
تو دہلیز و دَر و دیوار سے باتیں کروں گا میں

یہی احساس کافی ہے کہ کیا تھا اور اب کیا ہوں
مجھے بالکل نہیں تشویش، آگے کیا بنوں گا میں

مری آنکھوں کا سونا چاہے مٹی میں بکھر جائے
اندھیری رات! تیری مانگ میں افشاں بھروں گا میں

تساہل ایک مشکل لفظ ہے، اِس لفظ کا مطلب
کتابوں میں کہاں ڈھونڈوں، کسی سے پوچھ لوں گا میں

حصولِ آگہی کے وقت کاش اتنی خبر ہوتی
کہ یہ وہ آگ ہے جس آگ میں زندہ جلوں گا میں

اُداسی کی ہوائیں آج پھر چلنے لگیں؟ اچھا
تو بس آج اور پی لوں کل سے قطعاً چھوڑ دوں گا میں

کوئی ایک آدھ تو ہوگا مجھے جو راس آئے گا
بساطِ وقت پر ہیں جس قدر مُہرے، چلوں گا میں

نہ لکھ پایا ترے دِل میں اگر تحریرِ غم اپنی
ترے ماتھے پہ اِک گہری شکن ہی کھینچ دوں گا میں

کیا ہے گردشوں سے تنگ آکر فیصلہ میں نے
کہ محنت کے علاوہ چاپلوسی بھی کروں گا میں

اگر اِس مرتبہ بھی آرزو پوری نہیں ہوگی
تو اِس کے بعد آخر کس بھروسے پر جیوں گا میں

یہی ہوگا، کسی دِن ڈوب جاؤں گا سمندر میں
تمناؤں کی خالی سیپیاں کب تک چنوں گا میں

※

یہ نہ پوچھو، کیا مجھے مل جائے گا
میں جو چاہوں گا مجھے مل جائے گا

میں بھٹکنا چھوڑ دوں گا جب کوئی
آدمی اپنا مجھے مل جائے گا

کچھ نہیں تو آج کی شب کم سے کم
وعدۂ فردا مجھے مل جائے گا

کاش وہ مل جائے تعطیلات میں
مشغلہ اچھا مجھے مل جائے گا

تم نہ مل پائے تو کیا رکھوں اُمید
کوئی تم جیسا مجھے مل جائے گا

فرض کرلو، مل گئی کُل کائنات
اجر کیا پورا مجھے مل جائے گا؟

ہاں اِسی عمرِ دو روزہ میں شعورؔ
ایک دِن موقع مجھے مل جائے گا

✴

چمن میں کل اِک جوہری دَنگ تھا
کہ پھولوں پہ موتی ہیں یا اوس ہے

بچھڑنے کا تم سے نہیں غم شعورؔ
ملاقات ہونے کا افسوس ہے

٭

کافی ہے کوئی شکل بس اِک بار دیکھنا
ساحل سے آگیا ہے مجھے پار دیکھنا

فرصت ہے، سر اُٹھانے کی دِن کو نہ رات کو
دِن کو دکان، رات کو گھر بار دیکھنا

میں مارنے سے مر نہیں سکتا کبھی یہ بات
ہو دیکھنی اگر تو مجھے مار دیکھنا

میں دیکھتا ضرور ہوں حالانکہ اُس طرف
جاتا ہے عام طور پہ بیکار دیکھنا

دِن ہو کہ رات ہو کہ سحر ہو کہ شام ہو
تم جب بھی آگئے مجھے تیار دیکھنا

دِل کے مکین کو نہ ہوا آج تک نصیب
اپنے مکان کے دَر و دیوار دیکھنا

ہم بیٹھتے ہیں بزم میں ایسی جگہ جہاں
ممکن ہو اُس کی سمت لگاتار دیکھنا

موسم پہ منحصر نہیں ہوتی شگفتگی
جب دیکھنا اُسے، گُل و گلزار دیکھنا

اپنی نگاہ سے جسے دیکھا ہے بارہا
میری نگاہ سے اُسے اک بار دیکھنا

کُھل جائیں ساری دوستیاں رشتے داریاں
آسان ہو اگر رَسن و دار دیکھنا

انور شعورؔ کا ہے یہی حال تو اُسے
اِک روز، ناچتے سرِ بازار دیکھنا

اِس میں کیا شک ہے کہ آوارہ ہوں میں
کُوچے کُوچے میں پِھرا کرتا ہوں میں

مجھ سے سرزد ہوتے رہتے ہیں گناہ
آدمی ہوں، کیوں کہوں اچھا ہوں میں

صاف و شفاف آسماں کو دیکھ کر
گندی گندی گالیاں بکتا ہوں میں

قہوہ خانوں میں بسر کرتا ہوں دِن
قحبہ خانوں میں سحر کرتا ہوں میں

دِن گزرتا ہے مرا احباب میں
رات کو فٹ پاتھ پر سوتا ہوں میں

بیٹ کر جاتی ہے چڑیا فرق پر
عظمتِ آدم کا آئینہ ہوں میں

کانچ سی گڑیوں کے نرم اعصاب پر
صورتِ سنگِ ہوس پڑتا ہوں میں

نازکوں کے ناز اُٹھانے کے بجائے
نازکوں سے ناز اُٹھواتا ہوں میں

دوسروں کو کیا پتہ اپنا بتاؤں
اب تو خود اپنے لیے عنقا ہوں میں

مجھ سے پوچھے حرمتِ کعبہ کوئی
مسجدوں میں چوریاں کرتا ہوں میں

مجھ سے لکھوائے کوئی ہجوِ شراب
مَے کدوں میں قرض کی پیتا ہوں میں

میں چھپاتا ہوں برہنہ خواہشیں
وہ سمجھتی ہے کہ شرمیلا ہوں میں

کس قدر رسوائیاں ہیں میرے ساتھ
کیا بتاؤں کس قدر تنہا ہوں میں

خواب آور گولیوں سے اے شعورؔ
خودکشی کی کوششیں کرتا ہوں میں

.

بالغ نظری وقت سے پہلے نہیں آتی
انساں کی ابھی عمر ہی کیا ہے دو جہاں میں

٭

کڑا ہے دِن، بڑی ہے رات جب سے تم نہیں آئے
دگرگوں ہیں مرے حالات جب سے تم نہیں آئے

لگی رہتی ہے اَشکوں کی جھڑی گرمی ہو، سردی ہو
نہیں رُکتی کبھی برسات جب سے تم نہیں آئے

نہ کی جاتی ہے اوروں سے ملاقات ایک لمحے کو
نہ ہو پاتی ہے خود سے بات جب سے تم نہیں آئے

پتہ چلتا نہیں تھا ساعتوں کا، جب تم آتے تھے
گزرتے ہیں گراں لمحات جب سے تم نہیں آئے

نہ گھر والے، نہ ہمسائے، نہ احباب و اعزا ہیں
یہ دِل ہے یا خدا کی ذات جب سے تم نہیں آئے

٭

دِل یہ کس کے دَر جاتا ہے
خوار آتا ہے مگر جاتا ہے

مَن کے بَن میں کس سے پوچھوں
رستہ کون نگر جاتا ہے

ایسے جا، جب اُس کے گھر جا
جیسے اپنے گھر جاتا ہے

آدمی ہو سہراب کہ رستم
سوتے سوتے ڈر جاتا ہے

روکوں کیا آوارہ دِل کو
روکو، اور اُدھر جاتا ہے

تجھ سے ملتے وقت سنا تھا
ملنے سے جی بھر جاتا ہے

میری حالت دیکھ کے بھی وہ
شوق سے جائے، اگر جاتا ہے

حسن وہ پروانہ ہے جو سیدھا
سُوئے شمعِ نظر جاتا ہے

کتنا ہی بھٹکائے اندھیرا
قافلہ سمتِ سحر جاتا ہے

دیکھی ہے مَے پی کر ہم نے
سارا نشّہ اُتر جاتا ہے

ہم دونوں چپ دیکھ رہے ہیں
یہ بچہ کس پر جاتا ہے

ایک شعورؔ نہ سدھرا ورنہ
ہر منہ زور سدھر جاتا ہے

✻

آدمی کو خاک نے پیدا کیا
خاک کے ساتھ آدمی نے کیا کیا

رحم کے قابل نہیں تھا آدمی
آسماں نے جو کیا تھوڑا کیا

سوچ لوں کیا سوچنا ہے، کیا نہیں
سوچنے والا یہی سوچا کیا

ایک دنیا مجھ سے تھی روٹھی ہوئی
تُو نے بھی ٹھکرا دیا، اچھا کیا

صحن میں میرے سوائے کون تھا
وہ مجھے چھپ چھپ کے کیوں دیکھا کیا

پہلے سب سے مشورت کی بیٹھ کر
اور اُس کے بعد جو چاہا کیا

وہ بہت سیدھا سہی لیکن شعورؔ
میرے ساتھ اُس نے بڑا دھوکا کیا

جن مقامات سے وہ صرف گزر جاتے ہیں

سالہا سال وہاں اہلِ نظر جاتے ہیں

یہ غلط ہے اور وہ ٹھیک ہے یہ روا ہے اور وہ ناروا

ابھی کوئی بات اٹل نہیں ابھی آدمی تگ و دو میں ہے

٭

ہزار بار بلانے پہ گو نہ آئے وہ
کبھی کبھی چلا آتا ہے بے بلائے وہ

صنم پرست نہ بن، حسن سے مراد یہ ہے
کسی بھی شکل و شباہت میں آئے، بھائے وہ

کہاں یہ گھر کے مہینے، کہاں وہ اُس کی رات
اگرچہ ایک مسافر تھا میں، سرائے وہ

ہزار شہر بسالو، خلا نہ پُر ہوگا
اُجڑ گئے ہیں گھرانے بسے بسائے وہ

سبو و جام سے اب تشنگی نہیں بجھتی
مجھے تو نین کٹورے سے کچھ پلائے وہ

توقعات سے بڑھ کے وہ خوب رُو نکلا
مگر جو دِل میں تھے نقش و نگار، ہائے وہ

بہار میں دَرِ مَے خانہ ناشگفتہ ہے
جسے غرض ہو، لہو سے طلب بجھائے وہ

شعورؔ آج غزل ہوگئی ہے کچھ ایسی
کہ میں اُسے نہ سناؤں، مجھے سنائے وہ

نہ رہے گا کوئی اِتنا جو کہے پسِ تباہی
کہ بنی ہوئی تھی کل تک یہ زمیں نگار خانہ

٭

ٹوٹا طلسمِ وقت تو کیا دیکھتا ہوں میں
اب تک اُسی مقام پہ تنہا کھڑا ہوں میں

یہ کشمکش الگ ہے کہ کس کشمکش میں ہوں
آتا نہیں سمجھ میں، بہت سوچتا ہوں میں

میں اہل تو نہیں ہوں کہ دیکھے کوئی مگر
دنیا! مجھے بھی دیکھ، ترا آئینہ ہوں میں

اکثر غبارِ فکر جب اُترا دماغ سے
میں دَنگ رہ گیا کہ یہ کیا لکھ گیا ہوں میں

مجھ سے نہیں اُسے مرے فردا سے ہے اُمید
منزل ہے کوئی اور فقط راستہ ہوں میں

کیا فائدہ مجھے جو پلٹ کر جواب دوں
اپنے لیے کہاں ہوں، بُرا یا بھلا ہوں میں

غافل اب اور کیا ہوں کسی سے کہ عمر بھر
آوارگی کی گود میں سوتا رہا ہوں میں

کیا یہ جگہ ہے جس کی تمنا میں آج تک؟
دِن رات شہر شہر بھٹکتا پھرا ہوں میں

مشعل بدست گھومتے گزری ہے ایک عمر
اب کس کے انتظار میں ٹھیرا ہُوا ہوں میں

✻

وہ جب سے انکار کے بجائے مجسم اقرار ہوگئے ہیں
کچھ اور پیچیدہ ہوگئے ہیں کچھ اور دُشوار ہوگئے ہیں

نہ جانے کارِ جہاں بڑھا کر وہ عہد کس دِن نبھائیں آ کر
ہزار ہفتے گزر چکے ہیں ہزار اتوار ہوگئے ہیں

نہ پوچھ دنیا کی بے ثباتی کہ دیکھتے دیکھتے ہمارے
بسے بسائے نگار خانے قدیم آثار ہوگئے ہیں

میں ایک بے مایہ شخص اُن کی نگاہ کا کیا جواب دیتا
یہ پانچ چھ نقش کھنچ گئے ہیں، یہ چند اشعار ہوگئے ہیں

پلٹ کے دنیا سے دِل کی جانب تم آئے بھی اب تو خوب آئے
جب اِس نگر کے محل دو محلے تمام مسمار ہوگئے ہیں

کہیں تو اتنی بڑی زمیں پر کھلی ملاقات کی جگہ ہو
یہ گاؤں تو شہر ہوگئے ہیں، یہ گھر تو بازار ہوگئے ہیں

شعورؔ دنیا کی دسترس سے بچی نہ مقتل کی آبرو تک
منافقوں کے بھی سر یہاں تو علَم سرِدار ہوگئے ہیں

پریشانی کی ذمے دار قسمت ہی نہیں ہوتی

کچھ اپنی لغزشوں کی کار فرمائی بھی ہوتی ہے

❋

کبھی بدن، کبھی چہرہ نظر نہیں آتا
مگر وہ شخص ادھورا نظر نہیں آتا

بھٹک رہے ہیں اندھیروں میں قافلے والے
اُفق پہ کوئی ستارہ نظر نہیں آتا

شدید حبس میں جاتا ہوں اُس طرف پھر بھی
کھلا ہوا وہ دریچہ نظر نہیں آتا

جو ہو رہا ہے، گریباں میں دیکھ لیتا ہوں
اِس آئینے میں بھلا کیا نظر نہیں آتا

جو گفتگو میں ترا تذکرہ نہ کرتا ہو
وہ آدمی مجھے اپنا نظر نہیں آتا

شعورؔ خوف جھٹک کر جلوس میں آ جاؤ
سروں کی بھیڑ میں چہرہ نظر نہیں آتا

✽

ہم نوائی کی اُمید اے مرے فن کس سے کروں
ہو سخن سنج نہ کوئی تو سخن کس سے کروں

خوار و بے یارو مددگار پڑا ہوں آخر
ذکرِ بیگانگیٔ اہلِ وطن کس سے کروں

کاغذی پھول یہاں پھیل گئے ہیں گھر گھر
دکھ بیاں آپ کے اے سرو وسمن کس سے کروں

ہر گلِ تازہ و تر میں جو تجھے دیکھتی تھی
وہ نظر ہی نہ رہی، سیرِ چمن کس سے کروں

بات ہوتی ہے محبت کی لطیف و نازک
نہ سنے تُو ہی تو اے غنچہ دہن کس سے کروں

اِک نئی شمع نہ ہر روز جلاؤں تو شعورؔ
نو بہ نو دل کا شبستانِ کہن کس سے کروں

✺

ہم سے نفرت نہ کی کہ چاہ نہ کی
تم سے کس کس طرح نباہ نہ کی

راہِ دِل ہو کہ راہِ دنیا ہو
گاہ کی اختیار، گاہ نہ کی

منہ پہ کالک ضرور ملوا لی
اپنی فردِ عمل سیاہ نہ کی

دائمی زندگی کے لالچ میں
عارضی زندگی تباہ نہ کی

دِل کا ہمدرد کون ہو جس نے
کبھی پروائے انتباہ نہ کی

حسن کا سائباں کشادہ رہا
کی محبت کسی نے، خواہ نہ کی

جس نے اُس کی طرف اُٹھائی نگاہ
پھر کسی کی طرف نگاہ نہ کی

عمر کیا شے تھی، کیا بتاؤں شعورؔ
تُو نے کس شے کی قدر آہ نہ کی

٭

اگرچہ اُس سے بچھڑ کر لکھا بہت کچھ ہے
نہیں ہے کام کا کچھ بھی، کہا بہت کچھ ہے

زہے نصیب کہ لٹنے کے بعد بھی گھر میں
سکوت و ظلمت و حبس و بلا، بہت کچھ ہے

مرے پڑوس کی تختی بدل گئی پرسوں
ہوا تو کچھ نہیں، لیکن ہوا بہت کچھ ہے

وہ دیکھ، بام کے اوپر دھوئیں کے مرغولے
جلا تو خیر سے کم ہے، بجھا بہت کچھ ہے

اُسے نہ پاؤ گے جب تک مجھے نہ سمجھو گے
مرا رفیقِ مزاج آشنا بہت کچھ ہے

وہ شوق اور وہ شدت کہاں مگر اب بھی
نگاہِ محو و دلِ مبتلا، بہت کچھ ہے

اسے قریب سے دیکھا کبھی نہیں ہم نے
مگر شعورؔ کی بابت سنا بہت کچھ ہے

هم یہ سوچ کے ساری ساری رات نہیں سوتے
کوئی تو ایسا ہو کہ اُسے بیدار کہا جائے

دنیا والے کھڑکی جھانکتے پھرتے ہیں
پردہ ایسا لاؤ جسے دیوار کہا جائے

ساتھی پیار کا رَستہ ایسا رَستہ ہے جس پر
ایک جگہ جم جانے کو رفتار کہا جائے

❊

یاد کرو، جب رات ہوئی تھی
تم سے کوئی بات ہوئی تھی

کہہ سکتا تھا کون کسی سے
وہ شکلِ حالات ہوئی تھی

سب سے ناتا توڑ کے یکجا
تیری میری ذات ہوئی تھی

انسانوں نے حق مانگا تھا
اور فقط خیرات ہوئی تھی

اُس کی کم آمیزی سے میری
تہذیبِ جذبات ہوئی تھی

مرنے والا خود روٹھا تھا
یا ناراض حیات ہوئی تھی

اُسے ذرا سا خط لکھنے پر
خرچ تمام دوات ہوئی تھی

آج شعورؔ صبا کی آمد
کتنی بڑی سوغات ہوئی تھی

چاند کو جب قریب سے دیکھا

دُور سے دیکھنے کی شے نکلی

٭

کب سے ہے انتظار آ جاؤ
کم سے کم ایک بار، آ جاؤ

پھر یہ دِن لوٹ کر نہ آئیں گے
جا رہی ہے بہار، آ جاؤ

میرے چاروں طرف ہے تنہائی
توڑ کر یہ حصار، آ جاؤ

آج کے دِن کی بے یقینی میں
کل کا کیا اعتبار، آ جاؤ

زندگی آدمی کی ہوتی ہے
سخت ناپائدار، آ جاؤ

میرے گھر کے تمام دروازے
تم سے کرتے ہیں پیار، آ جاؤ

بھیڑ کم ہو رہی ہے لوگوں کی
چھٹ رہا ہے غبار، آ جاؤ

سرمئی ہو رہا ہے من آنگن
پڑنے والی ہے پھوار، آ جاؤ

اِن دِنوں اتفاق سے میرا
وقت ہے سازگار، آ جاؤ

چاہیے آدمی کو دنیا میں
اِک نہ اِک غم گسار، آ جاؤ

روٹھ کر تم گئے ہو جس دِن سے
ہوں بہت بے قرار، آ جاؤ

مجھے سب کچھ عزیز ہے لیکن
تم پہ سب کچھ نثار، آجاؤ

اگر آنے کا اختیار نہ ہو
آؤ بے اختیار، آجاؤ

کام نمٹا چکا ہوں دِن بھر کے
شام ہے خوش گوار، آجاؤ

ہیں تمہارے بغیر بے مصرف
میرے لیل و نہار، آجاؤ

بیٹھے بیٹھے یہ چاہتا ہے شعورؔ
تم ہَوا پر سوار، آجاؤ

٭

بہت دِن رہ لیے ناراض، اب مَن جائیں ہم دونوں
"چلو اِک بار پھر سے آشنا بن جائیں ہم دونوں"

یہاں والوں کی آنکھوں میں حیا ہو یا مروّت ہو
تو آخر کیوں یہ بستی چھوڑ کے بَن جائیں ہم دونوں

کسی ہوٹل میں چل کر سوچتے ہیں شام کی بابت
گزاریں وقت ساحل پر کہ گلشن جائیں ہم دونوں

یہاں ہونا نہیں کافی یہاں بننا بھی پڑتا ہے
چلو اِک دوسرے کے کچھ نہ کچھ بن جائیں ہم دونوں

یہیں کچھ دُور واقع ہے ہمارے پیار کا مدفن
اگر دے زندگی فرصت تو مدفن جائیں ہم دونوں

شعورؔ اِس بھیڑ میں رستہ ملے تو بھیڑ سے باہر
عجب سا اِک نشیمن ہے، نشیمن جائیں ہم دونوں

دھوکا کریں، فریب کریں یا دَغا کریں
ہم کاش دوسروں پہ نہ تہمت دَھرا کریں

رکھا کریں ہر ایک خطا اپنے دوش پر
ہر جرم اپنی فردِ عمل میں لکھا کریں

احباب اگر تمام نہیں لائقِ وفا
ایک آدھ باوفا سے تو وعدہ وفا کریں

روٹھا کریں ضرور مگر اس طرح نہیں
اپنی کہا کریں نہ کسی کی سُنا کریں

فرصت ملا کرے تو خرافات کے بجائے
ہم گوشۂ چمن میں کتابیں پڑھا کریں

چھپوادیا کریں کسی اخبار میں کلام
لیکن مشاعروں میں نہ شرکت کیا کریں

اعلانِ ترکِ بادہ گساری کے باوجود
پینا ہی لازمی ہو تو چھپ کر پیا کریں

گھر میں ہزار ادائیں دِکھایا کریں شعورؔ
دنیا کے سامنے نہ تماشا بنا کریں

تمہاری سنگدِلی کا نہیں جواب کہ تم
بڑھے ہوئے ہو نزاکت میں آبگینوں سے

❋

میں اپنے آپ سے پیچھا چھڑا کے
نکل جاؤں کہیں رسی تڑا کے

قدم آخر اُٹھانا ہی پڑے گا
نہیں تو گِر پڑوں گا ڈگمگا کے

کہاں ہے اب وہ مشق آوارگی کی
سنبھل جاؤں گا لیکن لڑکھڑا کے

کسی کے دَر پہ جانے کا نتیجہ
میں دیکھ آیا ہوں اُس کے دَر پہ جا کے

بسر کی اِس طرح دنیا میں گویا
گزاری جیل میں چکی چلا کے

لکھی ہے بندگی میں سربلندی
ملو ہر آدمی سے سر جھکا کے

کسی کے کام آؤ زندگی میں
خوشی ہوگی کسی کے کام آکے

۞

دورِ تعلیمِ محبت میں ہمارے مابین
کون سی بات بھلا غیر نصابی نہ رہی

نامے پڑھ پڑھ کے جب آیا اُسے نامے کرنا
اُس کے نزدیک مری ڈاک جوابی نہ رہی

کُھلتی نہیں زبان ترے روبرو ہنوز
کرتا ہوں اپنے آپ سے میں گفتگو ہنوز

ہیں ایک دوسرے کے لیے کتنے بے وجود
دنیائے ہست و بُود میں، میں اور تُو ہنوز

اک ایک چیز وقت کے ہاتھوں بکھر گئی
دِل میں بسی ہوئی ہے تری آرزو ہنوز

رہتی تھی ابتدا میں طلب جس کی گاہ گاہ
آتا ہے یاد وہ دَہنِ مُشکبُو ہنوز

آغازِ شامِ جشنِ طرب اور اِس طرح؟
ساقی نہ مے گُسار نہ جام و سبو ہنوز

دیکھیں، ادائے فرض ہو کس روز کس جگہ
ہوتا ہے راستوں کی ندی پر وضو ہنوز

سب لٹ چکا جواہر و ملبوس و اسلحہ
البتہ طوقِ زیست ہے زیبِ گلو ہنوز

اے خلوتیٔ خانۂ غیر آنکھ تو اُٹھا
برباد ہے شعورؔ ترا کُو بہ کُو ہنوز

ہر آنکھ والا روتا رہے گا

آخر یہ کب تک ہوتا رہے گا

✻

میں خاک ہوں، آب ہوں، ہوا ہوں
اور آگ کی طرح جل رہا ہوں

تہہ خانۂ ذہن میں نہ جانے
کیا شے ہے جسے ٹٹولتا ہوں

دنیا کو نہیں ہے میری پروا
میں کب اسے گھاس ڈالتا ہوں

بہروپ نہیں بھرا ہے میں نے
جیسا بھی ہوں، سامنے کھڑا ہوں

اچھوں کو تو سب ہی چاہتے ہیں
ہے کوئی؟ کہ میں بہت بُرا ہوں

پاتا ہوں اُسے بھی اپنی جانب
مُڑ کر جو کسی کو دیکھتا ہوں

بچنا ہے محال اِس مرض میں
جینے کے مرض میں مبتلا ہوں

اوروں سے تو اجتناب تھا ہی
اب اپنے وجود سے خفا ہوں

باقی ہیں جو چند روز وہ بھی
تقدیر کے نام لکھ رہا ہوں

کہتا ہوں ہر ایک بات سُن کر
یہ بات تو میں بھی کہہ چکا ہوں

✺

مجھے یہ جستجو کیوں ہو کہ کیا ہوں اور کیا تھا میں
کوئی اپنے سِوا ہوں میں، کوئی اپنے سِوا تھا میں

نہ جانے کون سا آتش فشاں تھا میرے سینے میں
کہ خالی تھا بہت پھر بھی دھمک کر پھٹ پڑا تھا میں

تو کیا میں نے نشے میں واقعی یہ گفتگو کی تھی
مجھے خود بھی نہیں معلوم تھا جو سوچتا تھا میں

خود اپنے خول میں گھٹ کر نہ رہ جاتا تو کیا کرتا
یہاں اِک بھیڑ تھی جس بھیڑ میں گم ہوگیا تھا میں

نہ لٹنا میری قسمت ہی میں تھا لکھا ہوا ورنہ
اندھیری رات تھی اور بیچ رستے میں کھڑا تھا میں

گزرنے کو تو مجھ پر بھی عجب اِک حادثہ گزرا
مگر یہ جب ہوا جب غم کا عادی ہو چکا تھا میں

میں کہتا تھا سنو سچائی تو خود ہے صلہ اپنا
یہ نکتہ اکتسابی تھا مگر سچ بولتا تھا میں

تجھے تو دوسروں سے بھی اُلجھنے میں تکلف تھا
مجھے تو دیکھ، اپنے آپ سے اُلجھا ہوا تھا میں

خلوص و التفات و مہر، جو ہے، اب اُسی سے ہے
جسے پہلے نہ جانے کس نظر سے دیکھتا تھا میں

جو اب یوں میرے گِردا گِرد ہیں، کچھ روز پہلے تک
اِنہی لوگوں کے حق میں کس قدر صبر آزما تھا میں

بہت خوش خلق تھا میں بھی مگر یہ بات جب کی ہے
نہ اوروں ہی سے واقف تھا، نہ خود کو جانتا تھا میں

٭

جو کچھ کہو قبول ہے، تکرار کیا کروں
سچ بول کر خفا تمھیں بیکار کیا کروں

ہیں واشگاف مجھ پہ تمھاری عنایتیں
جو اَن کہی نہ ہو، اُسے اِظہار کیا کروں

معلوم ہے کہ پار کھلا آسمان ہے
چُھٹتے نہیں ہیں یہ دَر و دیوار، کیا کروں

اِس یاس میں بھی سانس لیے جارہا ہوں میں
جاتا نہیں ہے آس کا آزار، کیا کروں

پھر ایک بار وہ رُخِ معصوم دیکھتا
کھلتی نہیں ہے چشم گنہگار کیا کروں

تنہائی ہو تو پھول بھی چبھتا ہے آنکھ میں
تیرے بغیر گوشۂ گلزار کیا کروں

یہ پُرسکون صبح، یہ میں، یہ فضا شعورؔ
وہ سو رہے ہیں، اب انہیں بیدار کیا کروں

خورشیدِ جہاں تاب نہیں، چیز دگر ہے
یہ داغِ جگر، داغِ جگر، داغِ جگر ہے

آپ اپنے کو دیکھئے صاحب

یہ نہ کہیے بُرا زمانہ ہے

✺

آنکھ سے دُور کیا گیا ہے کوئی
جیسے مجھ میں سما گیا ہے کوئی

یاسمین و زمرّد و ناہید
سب کی نظریں جھکا گیا ہے کوئی

دِل کہ اِک پُر فضا نشیمن تھا
یہ نشیمن جلا گیا ہے کوئی

کوثر و سلسبیل تھیں آنکھیں
آگ اِن میں لگا گیا ہے کوئی

اے اَنا کی عمارتِ سنگیں
تیرے مینار ڈھا گیا ہے کوئی

مرمریں خواہشوں کے ملبے میں
حسرتیں تک دَبا گیا ہے کوئی

اے مری صبح، میری روشن صبح!
تیرا ماتھا بجھا گیا ہے کوئی

اے مرے دِن، مرے تماشا دِن!
تیری رونق گھٹا گیا ہے کوئی

خاک میں تو نہ تھی چمک ایسی
کیا ملمع چڑھا گیا ہے کوئی

دِل سے آوارہ گرد کو آخر
راستے پر لگا گیا ہے کوئی

آنکھ کی پتلیوں کے گردا گرد
جیسے پہرا بٹھا گیا ہے کوئی

شاہراہِ سفر کے بیچوں بیچ
ایک دیوار اُٹھا گیا ہے کوئی

اے مری شام! میری تنہا شام!
تیرے صحرا میں آ گیا ہے کوئی

یہ جو چھایا ہوا دھندلکا ہے
اِس دھندلکے پہ چھا گیا ہے کوئی

اے مری رات! میری غافل رات
تیری نیندیں اُڑا گیا ہے کوئی

کس سمندر میں غرق کرکے مجھے
صاف دامن بچا گیا ہے کوئی

ملی نہیں ہے شرابِ طہور کچھ دِن سے
بہت اُداس ہے انور شعورؔ کچھ دِن سے

کیا نہ یاد کسی کے پلک پیالے نے
سجی نہیں کوئی بزمِ سرور کچھ دِن سے

یہ اور بات مرا دِل نہ ماننا چاہے
وہ کسمسا تو رہے ہیں ضرور کچھ دِن سے

نہ جانے کون سے موسم کی آمد ہے
چہک رہے ہیں فضا میں طیور کچھ دِن سے

اب اُس جناب میں گستاخیٔ نظر ہی نہیں
معاف ہیں مرے سارے قصور کچھ دِن سے

بنا رکھی ہے شعورؔ آپ نے یہ کیا حالت
لبوں پہ رنگ نہ آنکھوں میں نور کچھ دِن سے

٭

کسی شام چپکے سے دَر آئے گا
جو بھولا ہوا ہے وہ گھر آئے گا

زمیں پر کہیں بھی چلا جائے وہ
زمیں گول ہے، گھوم کر آئے گا

جو ہم نے کہا تھا، نظر آ گیا
جو ہم کہہ رہے ہیں، نظر آئے گا

اکیلا نہ جا، رات کا وقت ہے
تجھے گھپ اندھیرے میں ڈر آئے گا

سفر میں کہیں کوئی جنگل ہرا
کہیں کوئی اجڑا نگر آئے گا

گزارو گے جس کے لیے مدتیں
وہ لمحہ بہت مختصر آئے گا

کرو خدمتِ صاحبانِ ہنر
ہنر سیکھنے سے ہنر آئے گا

ترا قول تھا عمر بھر کے لیے
مجھے یاد تُو عمر بھر آئے گا

محبت میں پڑتیں نہیں جھریاں
میں پہچان لوں گا اگر آئے گا

شعورؔ اِس طرح جارہا ہے وہاں
نہ آیا بہادر تو سر آئے گا

۞

دیکھ تو گھر سے نکل کر کہ گلی میں کیا ہے
تجھ میں کچھ بھی نہ سہی، اور کسی میں کیا ہے

دیدہ ور! حسن کی تعریف سبھی کرتے ہیں
بات سب حسن میں ہے، دیدہ وری میں کیا ہے

دیکھ لے جھانک کے اپنا ہی گریباں کوئی
سب میں ہوتی ہے ہوس، ایک مجھی میں کیا ہے

ملتے رہتے ہیں بہت لوگ تمہارے جیسے
پر سمجھ میں نہیں آتا کہ تمہی میں کیا ہے

سب کچھ احساس پہ موقوف ہوا کرتا ہے
غم میں کیا ہے مرے بے درد! خوشی میں کیا ہے

ثانیہ بھی گزراں اور صدی بھی فانی
فرق پھر ثانیے میں اور صدی میں کیا ہے

میں نے یہ سوچ کے روکا نہیں جانے سے اُسے
بعد میں بھی یہی ہوگا تو ابھی میں کیا ہے

تیز چلنا مجھے آتا ہے مگر آپ کے ساتھ
کیف مت پوچھیے آہستہ روی میں کیا ہے

جو بھی افتاد پڑے، سر سے گزر جاتی ہے
فائدہ اِس کے سوا بادہ کشی میں کیا ہے

آدمی کے لیے رونا ہے بڑی بات شعورؔ
ہنس تو سکتے ہیں سب انسان، ہنسی میں کیا ہے

✿

یہ مصرعِ مستانہ اُٹھا اے دلِ کوزہ
من کوزہ و من کوزہ گر و من گِلِ کوزہ

یکجا نہیں ملتا کسی اِک شکل میں یعنی
ہے حسن وہ دریا جو نہیں مائلِ کوزہ

جادو ہے مرے دستِ ہنر مند میں کوئی
ہوجاتی ہے بیدار گلِ غافلِ کوزہ

قانون بھی کچھ بندشِ مَے کا ہے مزاحم
کچھ جیب بھی رہتی ہے مری حائلِ کوزہ

رہتا نہیں فن ہاتھ میں بے مشقِ مسلسل
سب کوزہ گری بھول گیا کاہلِ کوزہ

ہے حوصلہ معلوم ہمیں بوالہوسوں کا
پیاسے کھڑے رہتے ہیں سرِ ساحلِ کوزہ

ہوتا نہ قضا ہم سے کسی وقت کا پینا
ملتی جو تیمّم کے لیے بھی گِلِ کوزہ

مقدار پہ جاتا ہے مقدر کے بجائے
علامۂ کوزہ ہے بڑا جاہلِ کوزہ

اُچٹا دیے کچھ لطف بھی تیرے مرے دِل نے
بارش کی ہر اِک بوند نہ تھی قابلِ کوزہ

کوزے ہی میں زم زم بھی ہے، کوزے ہی میں رَم بھی
اب بخش دے جو کوزہ جسے عادلِ کوزہ

جھوٹا ہے جو ہے مدعِیِ معرفتِ دِل
دنیا میں نہ تھا کوئی، نہ ہے فاضلِ کوزہ

میں مقتدیٔ دِل ہوں کہ جاہل سے ہے بدتر
ہو عالمِ کوزہ نہ اگر عاملِ کوزہ

خالی ہوں تو کونے میں پڑے رہتے ہیں کوزے
کوزے میں جو مائع ہے، وہ ہے فاعلِ کوزہ

کوزہ کوئی لمحوں میں کہ برسوں میں بنا ہے
یہ کوئی نہیں دیکھتا اے عاجلِ کوزہ

ہوتی ہے عجب چیز شرابِ لبِ لعلیں
حالانکہ نہیں تلخ مگر حاصلِ کوزہ

تجھ میں نہ ذہانت، نہ دیانت، نہ مشقت
تُو کوزہ گری چھوڑ دے اے ناقلِ کوزہ

صوفی سے نہیں، رند سے گرتی ہے صراحی
جو صارفِ کوزہ ہے، وہی قاتلِ کوزہ

ناقص ہوں اگر میں بھی تو افسوس کہ تم میں
اے کوزہ گرو! کوئی نہیں کاملِ کوزہ

بجھ جائے ہمیشہ کے لیے پیاس ہی میری
اتنی نہ پلا اے مرے دریا دلِ کوزہ

تھے چُور مگر ہاتھ سے جیسے ہی چُھٹا جام
لیتی گئی نشہ بھی مئے زائلِ کوزہ

دریائے معانی ہے شعورؔ آپ کی ہر بات
اب بھی نہ کوئی ہو تو نہ ہو قائلِ کوزہ

٭

بشارت ہو کہ اب مجھ سا کوئی پاگل نہ آئے گا
یہ دورِ آخرِ دیوانگی ہے، بیت جائے گا

کسی کی زندگی ضائع نہ ہوگی اب محبت میں
کوئی دھوکا نہ دے گا اب کوئی دھوکا نہ کھائے گا

نہ اب اُترے گا قدسی کوئی انسانوں کی بستی پر
نہ اب جنگل میں چرواہا کوئی بھیڑیں چرائے گا

گروہِ ابنِ آدم لاکھ بھٹکے، لاکھ سر پٹکے
اب اِس اندر سے کوئی راستہ باہر نہ جائے گا

بشر کو دیکھ کر بے انتہا افسوس آتا ہے
نہ معلوم اِس خراباتی کو کس دِن ہوش آئے گا

مٹا بھی دے مجھے اب اے مصور! تابہ کے آخر
بنائے گا بگاڑے گا، بگاڑے گا بنائے گا

محبت بھی کہیں اے دوست! تردیدوں سے چھپتی ہے
کسے قائل کرے گا تُو، کسے باور کرائے گا

غنیمت جان اگر دو بول بھی کانوں میں پڑ جائیں
کہ پھر یہ بولنے والا نہ روئے گا، نہ گائے گا

شعورؔ آخر اُسے ہم سے زیادہ جانتے ہو تم؟
بہت سیدھا سہی لیکن تمہیں تو پیچ کھائے گا

※

گوکٹھن ہے طے کرنا عمر کا سفر تنہا
لوٹ کر نہ دیکھوں گا چل پڑا اگر تنہا

سچ ہے عمر بھر کس کا کون ساتھ دیتا ہے
غم بھی ہوگیا رخصت دِل کو چھوڑ کر تنہا

آدمی کو گمراہی لے گئی ستاروں تک
رہ گئے بیاباں میں حضرتِ خِضر تنہا

ہے تو وجہِ رُسوائی میری ہم رہی لیکن
راستوں میں خطرہ ہے، جاؤ گے کدھر تنہا

اے شعورؔ اِس گھر میں، اِس بھرے پُرے گھر میں
تجھ سا زندہ دِل تنہا اور اِس قدر تنہا

٭

ہوتے ہیں بیدار ہمارے احساسات اکیلے میں
لوگ چلے جائیں تو ہم سے کرنا بات اکیلے میں

آدمیوں کے میلے میں بھی ہم خوش وقت نہیں ہوتے
ہونے والے ہوجاتے ہیں خوش اوقات اکیلے میں

جیسے دِن دو دِن کے بجائے برسوں ساتھ رہا ہو وہ
یاد آتی ہیں ایسی ایسی تفصیلات اکیلے میں

اِس سے باتیں کرتا ہوں میں، اُس سے باتیں کرتا ہوں
ایک جھمیلا ہوجاتی ہے میری ذات اکیلے میں

محبوبوں کے آگے پیچھے اور گزارو شام شعورؔ
سوتے جاگتے گزرے گی اب ساری رات اکیلے میں

※

اکیلے کیا پسِ دیوار و دَر گئے ہم تم
سگانِ خفتہ کو ہشیار کر گئے ہم تم

قدم قدم پہ عجب بے حیا نگاہوں کا
حصار سا نظر آیا جدھر گئے ہم تم

گلوں نے خوب پذیرائی کی کہ بھولے سے
کسی چمن میں نہ بارِ دگر گئے ہم تم

امیدِ وصل کے دِن کٹ گئے بھٹکنے میں
نہ ہوٹلوں پہ یقیں تھا، نہ گھر گئے ہم تم

ہوائے دہر نے سہما رکھا تھا کس درجہ
کواڑ بھی کہیں کھڑکا تو ڈر گئے ہم تم

فلک کی دُھن تھی مگر فرش پر ہمارے قدم
جمے نہ تھے کہ فضا میں بکھر گئے ہم تم

زہے یہ ہمتِ پرواز بھی مگر اب تو
نشیب میں کئی زینے اُتر گئے ہم تم

✽

کب تک کرے کسی سے محبت بھی آدمی
کوشش کے باوجود گزارا نہ ہوسکا

راتیں تمہارے دھیان میں اچھی گزر گئیں
یہ اور بات ہے کہ سویرا نہ ہوسکا

جس طرح بھیڑ میں ہم اکیلے ہوئے شعورؔ
اِس طرح کوئی اور اکیلا نہ ہوسکا

✻

یہاں اَبر چھائے بہت دِن ہوئے
شبِ ماہ آئے بہت دِن ہوئے

وہ سنّاہٹا ہے کہ مصرع کوئی
سنے یا سنائے بہت دِن ہوئے

غزل چھیڑنا تو بڑی بات ہے
مجھے گنگنائے بہت دِن ہوئے

گلی کون گھومے کہ اُس چاند کو
جھروکا بجھائے بہت دِن ہوئے

نہ رُخسار دہکے، نہ جُوڑا کھُلا
فصا جھٹ پٹائے بہت دِن ہوئے

نہیں یاد کس دِن ہوئے تھے وداع
سب اپنے پرائے، بہت دِن ہوئے

بہت دِن ہوئے اُس گلی میں گئے
قدم ڈگمگائے بہت دِن ہوئے

بہت دِن ہوئے لہر دِل سے اُٹھے
پلک جھلملائے بہت دِن ہوئے

بہت دِن ہوئے آگ دِل میں لگے
کوئی رنگ بھائے بہت دِن ہوئے

بہت دِن ہوئے ناگہاں دِل ہلے
دِیا ٹمٹمائے بہت دِن ہوئے

کہاں اب وہ دِلبر، کہاں اب وہ دِل
کہیں لَو لگائے بہت دِن ہوئے

نہ معلوم کس حال میں ہے شعورؔ
اُسے شہر آئے بہت دِن ہوئے

✺

اور نہ دَر بہ دَر پھرا، اور نہ آزما مجھے
بس مرے پردہ دار بس، اب نہیں حوصلہ مجھے

سخت نظر فریب ہے آئینہ خانۂ جمال
اُس کی چمک دمک نہ دیکھ، دیکھ بجھا بجھا مجھے

حبسِ ہجومِ خلق سے گھُٹ کے الگ ہوا تو میں
قطرہ بہ سطحِ بحر تھا چاٹ گئی ہوا مجھے

صبر کرو محاسبو وقت بتائے گا تمھیں
دہر کو میں نے کیا دیا، دہر نے کیا دیا مجھے

ایک اُسی کے سامنے خوار کیا تھا آس نے
یاس نے فرد فرد پر آئینہ کردیا مجھے

تیرے ہی مصر کا ملال تیرے ہی نجد کا خیال
شہر بہ شہر کُو بہ کُو گام بہ گام تھا مجھے

کارگہِ بقا مجھے ذات و حیات و کائنات
ذات وحیات وکائنات دائرۂ فنا مجھے

رات لُغاتِ عمر سے میں نے چنا تھا ایک لفظ
لفظ بہت عجیب تھا، یاد نہیں رہا مجھے

میں نے ہنسی خوشی اسے جانے دیا تھا ہاں مگر
یہ تو معاہدہ نہ تھا، مُڑ کے نہ دیکھنا مجھے

ہیں تری مہربانیاں بھولی ہوئی کہانیاں
بھولی ہوئی کہانیاں یاد نہ اب دلا مجھے

فن کو سمجھ لیا شعورؔ محض عطیّہء فلک
سعی و ریاض کا صلہ خوب دیا گیا مجھے

✳

نہ سہہ سکوں گا، غمِ ذات گو اکیلا میں
کہاں تک اور کسی پر کروں بھروسا میں

وہ رنگ رنگ کے چھینٹے پڑے کہ اُس کے بعد
کبھی نہ پھر نئے کپڑے پہن کے نکلا میں

نہ صرف یہ کہ زمانہ ہی مجھ پہ ہنستا ہے
بنا ہوا ہوں خود اپنے لیے تماشا میں

مجھے سمیٹنے آیا بھی تھا کوئی؟ جس دِن
دیار و دشت و دمن میں بکھر رہا تھا میں

نہ میں کسی کے لیے ہوں نہ کوئی میرے لیے
یہ زندگی ہے تو کیا میری زندگی، کیا میں

پڑا رہوں نہ قفس میں تو کیا کروں آخر
کہ دیکھتا ہوں بڑی دُور تک دھندلکا میں

یہی نہیں کہ تجھی کو نہ تھی اُمید ایسی
مجھے بھی علم نہیں تھا کہ کیا کروں گا میں

تری زباں نہ کُھلی تھی تو آنکھ ہی اُٹھتی
سمجھ میں خاک نہ آتا مگر سمجھتا میں

اب اِس قدر نہ ستاؤ کہ سانس اُکھڑ جائے
بساط سے کہیں بڑھ کر ہُوا ہوں رُسوا میں

میں خاک ہی سے بنا تھا تو کاش یوں بنتا
کہ اُس کے ہاتھ سے گرتے ہی ٹوٹ جاتا میں

پلکوں میں رات شعلہ سا لرزاں ہوا تو ہے
جنگل میں اِک ستارہ فروزاں ہوا تو ہے

وہ عندلیبِ گلشنِ گوش احتیاط سے
سرگوشیانہ سلسلہ جنباں ہوا تو ہے

رستے میں طائرانِ خوش الحاں نہ گھیر لیں
سمتِ سبا روانہ سلیماں ہوا تو ہے

یہ آہٹیں نہیں ہیں اگر سرسراہٹیں
آباد غالباً دلِ ویراں ہوا تو ہے

اِس سال بھی بہار میں ہر سال کی طرح
امکانِ زینتِ چمنستاں ہوا تو ہے

وہ خوش لباسِ بزم، وہ گل دستہ پیرہن
کُنجِ خیال میں سہی عریاں ہوا تو ہے

تاریخ اور وقت ابھی طے نہیں شعورؔ
اعلانِ آمدِ شہہِ خوباں ہوا تو ہے

❁

یاد بھی آئے کبھی دِل کو تو وہ یاد آئے
جن کی جانب سے نہ داد آئے نہ بیداد آئے

جہد و ایثار کی تلقین جنھوں نے کی تھی
تختۂ دار پہ وہ لوگ بہت یاد آئے

طرح کیا ڈال گیا تھا وہ طرح دار کہ پھر
میرے ویرانۂ دِل میں کئی افراد آئے

میں، عجب لفظ ہے جس پر علمائے فن نے
صاف لکھا ہو غلط پھر بھی نظر صاد آئے

شکریہ سلسلۂ نان و نمک کا لیکن
کچھ ہَوا بھی تو کبھی اے مرے صیاد آئے

ایک کم رُو و کم آرا نے دیا ہے وہ سبق
ہم نہ مائل ہوں جو اب کوئی پری زاد آئے

جب سے بچھڑے ہو، کسی باغ کسی چوک سے ہم
نہ کبھی غم زدہ لوٹے، نہ کبھی شاد آئے

ظلم سہنا وہ خطا ہے کہ زباں کٹتی ہے
باوجودیکہ نہ لب پر کوئی فریاد آئے

بے زبانی میں ہے جو بات، بیانوں میں نہیں
ضد ہو مقصود تو کوئی سخن ایجاد آئے

اُس سے اُمیدِ جزا کیا جو اُٹھا لیتا ہے
اپنی جنت بھی اگر دیکھنے شدّاد آئے

تجھ میں ہے کیا جو اِس آبادیٔ عالم میں نہیں
کیوں کوئی تیری طرف اے دلِ برباد آئے

٭

ختم ہر اچھا بُرا ہوجائے گا
ایک دِن سب کچھ فنا ہوجائے گا

ہائے یہ نقار خانہ دہر کا
رفتہ رفتہ بے صدا ہوجائے گا

کیا پتہ تھا اُس کی جانب دیکھنا
حادثہ اتنا بڑا ہوجائے گا

مدتوں سے بند دروازہ بھلا
دستکیں دینے سے وا ہوجائے گا

ہے ابھی تک اُس کے آنے کا یقیں
جیسے کوئی معجزہ ہوجائے گا

مسکرا کر دیکھ لیتے ہو مجھے
اِس طرح کیا حق ادا ہوجائے گا؟

کاش ہوجاؤ مرے ہمراہ تم
ورنہ کوئی دوسرا ہوجائے گا

کل کا وعدہ، اور اس بحران میں؟
جانے کل دنیا میں کیا ہوجائے گا

''رنگ لائے گا شہیدوں کا لہو''
ظلم جب حد سے سِوا ہوجائے گا

آپ کا کچھ بھی نہ جائے گا شعورؔ
ہم غریبوں کا بھلا ہوجائے گا

✳

کچھ دِنوں اپنے گھر رہا ہوں میں
اور پھر دَر بہ دَر رہا ہوں میں

دوسروں کی خبر تو کیا لیتا
خود سے بھی بے خبر رہا ہوں میں

وقت گو ہم سفر نہ تھا میرا
وقت کا ہم سفر رہا ہوں میں

زینۂ ذات، رات، خاموشی
دھیرے دھیرے اُتر رہا ہوں میں

ایک دم کس طرح بدل جاؤں
رفتہ رفتہ سدھر رہا ہوں میں

تُو بھی دیکھے تو اجنبی جانے
اب کے وہ سوانگ بھر رہا ہوں میں

بے حقیقت ہے شورِ شہر کہ اب
گنگناتا گزر رہا ہوں میں

آگ ہے اور سُلگ رہا ہے وجود
راکھ ہوں اور بکھر رہا ہوں میں

۞

نیند بھی جب کبھی مری ایک نگاہ دیکھنا
چشم کو چشم ہی نہیں، چشم براہ دیکھنا

اُس سے مرے تعلقات رشک سے دیکھتے ہیں لوگ
فرقِ مزاج دیکھنا اور نباہ دیکھنا

دِن کی تھکن کے باوجود جاگتے کاٹتا ہوں رات
اے مرے مہر دیکھنا، اے مرے ماہ دیکھنا

میں اُسے ناپسند ہوں شعر مرے پسند ہیں
میرے لیے تو ایک ہے ذلت و جاہ دیکھنا

پرسشِ حال کی اگر اُس سے اُمید ہے شعورؔ
اپنی اُمید کا مآل دیکھنا، آہ دیکھنا

۞

وہ لب میری نظر کے سامنے ہے
گلِ تر چشمِ تر کے سامنے ہے

دوامی زندگی کی کیا حقیقت
حیاتِ مختصر کے سامنے ہے

دریچہ باغ میں کُھلتا تھا پہلے
اب اِک بازار گھر کے سامنے ہے

بشر نے ہاتھ سے تعمیر کی ہے
یہ دنیا جو بشر کے سامنے ہے

شعورؔ اپنی زباں سے کیا بتاؤں
سبھی کچھ شہر بھر کے سامنے ہے

آوارہ ہوں رَین بسیرا کوئی نہیں میرا
گلی گلی کرتا ہوں پھیرا کوئی نہیں میرا

تیری آس پہ جیتا تھا میں، وہ بھی ختم ہوئی
اب دنیا میں کون ہے میرا، کوئی نہیں میرا

تیرے بجائے کون تھا میرا پہلے بھی، پھر بھی
جب سے ساتھ چھٹا ہے تیرا، کوئی نہیں میرا

جب بھی چاند سے چہرے دیکھے، بھیگ گئیں پلکیں
پھیل گیا ہر سمت اندھیرا، کوئی نہیں میرا

عجب نہیں، کوئی لہر اُٹھے جو پار لگا دے ناؤ
درد کی دُھن میں گائے مچھیرا، کوئی نہیں میرا

کوئی مسافر ہی رُک جائے پل دو پل کے لیے
مدت سے ویران ہے ڈیرا، کوئی نہیں میرا

میں نے قدرِ تیرگیٔ شب اب پہچانی جب
گزر گئی شب، ہُوا سویرا، کوئی نہیں میرا

کوئی نہیں ہے جس کے ہاتھوں زہر پیوں، مرجاؤں
بین بجائے جائے سپیرا، کوئی نہیں میرا

٭

تہی دست بھی جو چلے آئے تھے
بہت کچھ تری بزم سے لائے تھے

کسی کو کبھی نیند میں بھی نہ آئیں
مجھے جاگتے میں وہ خواب آئے تھے

بھلا اے کھنڈر تیرے معمار نے
کس اُمید پر ہاتھ کٹوائے تھے؟

میں جب اُن سے رخصت ہوا تھا تو وہ
بہت دُور تک چھوڑنے آئے تھے

تضادات و تجرید کے باوجود
مجھے اُن کے جملے بہت بھائے تھے

محبت کی بستی میں سیلاب نے
کئی کچے پکے مکاں ڈھائے تھے

رفیقانِ شمشاد قد اے شعورؔ
کڑی دھوپ میں سائے ہی سائے تھے

✵

نہ بے رُخی کبھی برتی نہ التفات کیا
سلوک اُس نے مساوی ہمارے ساتھ کیا

سدا بہار رہا باغ اگرچہ پھولوں نے
بہت کیا تو گھڑی دو گھڑی ثبات کیا

ترے بغیر تعجب ہے کس طرح میں نے
سحر کو شام کیا اور دِن کو رات کیا

بس اِک تجھے نہ کسی طور پا سکے ورنہ
خدا گواہ، محالوں کو ممکنات کیا

ترے تپاک کا حق اور کیا ادا کرتے
بیان آرزوؤں کو بھی واقعات کیا

حیات کم تھی مگر رائگاں نہ جانے دی
جہاد مرگِ مسلسل سے تاحیات کیا

کل اُس نے بزم میں دیکھا مجھے ضرور مگر
نظر چُرا کے لحاظِ تعلقات کیا

شعورؔ! آہ نہ اشعار میں کیا محفوظ
خزانہ تم نے جو صرفِ مکالمات کیا

✵

کیا چاہیے نہ تھا یہ کبھی پوچھنا تمھیں
کیسے ہو تم شعورؔ! یہ کیا ہوگیا تمھیں

ماتھا جلا ہوا ہے کڑی دھوپ سے اور آنکھ
کہتی ہے رات رات کا جاگا ہوا تمھیں

کیا اضطراب تھا کہ سکوں چھین لے گیا
کیا انقلاب تھا جو نہ راس آسکا تمھیں

کس سمت سے چلی تھی کس آنگن سے آئی تھی
بادِ سموم، جس نے پریشاں کیا تمھیں

کیوں گرد گرد ہے یہ قبا جس کے باب میں
تھا ناگوار لمسِ لطیفِ صبا تمھیں

عرصے سے کیوں غزل کوئی شائع نہیں ہوئی
کیوں نشر گاہ سے نہ کسی نے سنا تمہیں

وہ جمگھٹا، وہ بھیڑ، وہ جلسے کہاں گئے
چھوڑا تمہارے چاہنے والوں نے کیا تمہیں

رہتے ہو کیوں اکیلے اکیلے اُداس اُداس
کیا دوستوں سے آنے لگی ہے حیا تمہیں

میں نے تو کوئی دُکھ تمہیں ہرگز دیا نہیں
پھر دو جہاں کا کون سا غم کھا گیا تمہیں

میں سامنے ہوں جان ذرا آنکھ تو اُٹھاؤ
مدت ہوئی ہے دیکھے ہوئے آئینہ تمہیں

❋

فقط دِن گزارا ہے یا رات کی ہے
ابھی اُس نے آدھی ملاقات کی ہے

تعجب ہے، ایسے زمان و مکاں میں
مری زندگی چند لمحات کی ہے

مجھے پیار ہے مختلف رنگتوں سے
شکایت اگر ہے تو بہتات کی ہے

یہ گھر ہے سرائے، سرائے میں کس نے
مسافر کی خاطر مدارت کی ہے

ولیؔ، میرؔ، غالبؔ، یہ ہر ایک ہستی
مرے سلسلے کی، مری ذات کی ہے

تجھے بھولنے کے لیے آدمی کو
ضرورت بڑے سخت حالات کی ہے

شعورؔ اپنے الفاظ واپس نہ لینا
بھلا تم نے کوئی غلط بات کی ہے

۞

جو چہرے پر نظر آتی ہے میرے
مری رنگت نہیں، گردِ سفر ہے

نظر آتے ہیں بس اعمال سب کو
مرے احوال پر کس کی نظر ہے

✿

کٹ چکی تھی یہ نظر سب سے بہت دِن پہلے
میں نے دیکھا تھا تجھے اب سے بہت دِن پہلے

آج تک گوش بَر آواز ہوں سناٹے میں
حرف اُترا تھا ترے لب سے بہت دِن پہلے

میں نے مستی میں یہ پوچھا تھا کہ ہستی کیا ہے
رفتگانِ مئے و مشرب سے بہت دِن پہلے

مسلکِ عشق فقیروں نے کیا تھا آغاز
اے مبلغ ترے مذہب سے بہت دِن پہلے

پھر کسی مَے کدۂ حسن میں ویسی نہ ملی
جیسی پی تھی کسی خوش لب سے بہت دِن پہلے

ایک شخص اور ملا تھا مجھے تیرے جیسا
تُو نہ تھا ذہن میں جب، جب سے بہت دِن پہلے

حضرتِ شیخ کا اِک رند سے کیسا رشتہ
ہاں ملے تھے کسی مطلب سے بہت دِن پہلے

کیا تری سادگیٔ طبع نئی شَے ہے شعورؔ
لوگ چلتے تھے اِسی ڈھب سے بہت دِن پہلے

✿

پہچان نہیں پاتے وہ جب نظر آتے ہیں
اِک عمر کے ساتھی کو اِس طرح بُھلاتے ہیں

سیکھو مئے رنگیں کے شیشوں سے ہم آہنگی
ہنستے کو ہنساتے ہیں روتے کو رُلاتے ہیں

تنہائی نہیں جاتی حالانکہ ہم اپنے کو
بازار دِکھاتے ہیں، باغات گھماتے ہیں

اعلانِ صداقت کو نقارے کی کیا حاجت
پروانے خود آئیں گے، ہم شمع جلاتے ہیں

فطرت کا خزانہ بھی ہوتا ہے کہیں خالی
روزانہ سویرے ہم گلدان سجاتے ہیں

دیوانہ کہ دانا ہو، ویرانہ کہ آبادی
تنہائی ستاتی ہے یا لوگ ستاتے ہیں

سینے میں نہیں رکھتے اشعار شعورؔ اپنے
جو دِل پہ گزرتی ہے یاروں کو سناتے ہیں

٭

سبزہ ہوا نہ پھول کِھلے اِس بہار میں
اِک دور تھا سو بیت گیا انتظار میں

ہوتا ہے انتظار سے وہ رونما کہیں
اور اس قدر مسابقتِ روزگار میں؟

رونق زمیں کی ذرّے سے، دریا کی بوند سے
ہوں گے نہ ہم تو دھول اُڑے گی دیار میں

کوسوں چلے، ہوا میں اُڑے پھر بھی آدمی
رہتا ہے اپنے قد کے برابر حصار میں

طعنوں کے تیر خواہ جگر چھید دیں مرا
ڈر کر کبھی پناہ نہ لوں گا فرار میں

بستی کے پتھروں سے بھلے دھجیاں اُڑیں
آیندہ بند ہو کے نہ بیٹھوں گا غار میں

واحسرتا کہ ایک تو نقشِ بر آب ہُوں
اور اِس جہانِ فانی و ناپائدار میں

کٹتا ہے دِن تلافی و توبہ میں پھر بھی ہم
مغرب کے وقت جا ہی نکلتے ہیں بار میں

کیا پوچھنا تری گزر اوقات کا شعورؔ
جاتی ہے تیری پَون کمائی اُدھار میں

✲

خوار پھرتا ہوں جہاں میں ٹھوکریں کھاتا ہوں میں
ٹھیر، پھر بھی ٹھیر اے عمرِ رواں آتا ہوں میں

طرزِ دنیا دیکھ کر مجھ سے رہا جاتا نہیں
کچھ نہیں تو آنکھ میں آنسو ہی بھر لاتا ہوں میں

آہ کیسا دوست میں نے کھو دیا تیرے لیے
آج اپنے آپ کو رہ رہ کے یاد آتا ہوں میں

تُو نہ رو میری تباہی پر خدارا تُو نہ رو
"تیرے آنسو دیکھ کر بے چین ہوجاتا ہوں میں"

ماضی و موجود و مستقبل کے پردے پر شعورؔ
"اِک تماشا ہورہا ہے دیکھتا جاتا ہوں میں"

۝

مبادا اُس گلی میں جاؤں تو للکار دے کوئی
کہیں ایسا نہ ہو پتھر اُٹھا کر مار دے کوئی

مرے سینے میں بھی اِک دِل چھپا بیٹھا ہے دنیا سے
عیاں کردوں اگر انصاف کا اِقرار دے کوئی

مجھے صحرا نوردی گوشہ گیری کے برابر
بس اب سر پھوڑ لینے کے لیے دیوار دے کوئی

مجھے فطرت نے سلطانی عطا کی ہے دو عالم کی
مگر میں پیار کا پیاسا ہوں، مجھ کو پیار دے کوئی

شعورؔ آنکھیں تو کھولو، یہ کہاں کی عقل مندی ہے
محبت کے جُوے میں زندگی تک ہار دے کوئی

✻

ذہن میرا جِلا کے رُخ پر ہے
یہ دریچہ ہوا کے رُخ پر ہے

تِل محبت کا اِک مرے دِل میں
اِک مرے دِل رُبا کے رُخ پر ہے

غور سے دیکھ لو سروں کا جلوس
قافلہ یہ فنا کے رُخ پر ہے

حسن ہے بھی اگر زمانے میں
ایک اُس خوش نما کے رُخ پر ہے

ہو چلی ہے امید مرنے کی
اب طبیعت شفا کے رُخ پر ہے

کیوں نہ پھولی سمائے آج حیا
تجھ سے روشن ادا کے رُخ پر ہے

باوفاؤں کے خون کی سرخی
بے وفا، بے وفا کے رُخ پر ہے

چشمِ حیراں تمام محفل کی
ایک رنگیں قبا کے رُخ پر ہے

حسن ہے صرف سادگی میں، اور
سادگی بے رِیا کے رُخ پر ہے

عطر مَل کے چلے شُعورؔ کہاں؟
کیا سلیماں سَبا کے رُخ پر ہے

✵

سارے شریف، سارے کمینے گزر گئے
جو جو بھی جگ میں آئے تھے جینے، گزر گئے

چلتے میں اُس نے میری طرف نین کیا اُٹھائے
آنکھوں کے سامنے سے نگینے گزر گئے

پہلے تو ایک دِن نہ گزرتا تھا آئے بِن
آجا کہ اب تو آئے مہینے گزر گئے

اب چھپ چھپا کے وہ کہیں پیتے ہیں، ہم کہیں
وہ دِن کہ ساتھ جاتے تھے پینے، گزر گئے

رکھتے ہیں دِل تو آج بھی سینے مگر شعورؔ
رکھتے تھے دِل میں سوز جو سینے، گزر گئے

٭

ظاہر ہے کہ جنسِ دِل خفیہ بھی نہیں ملتی
بازار میں کچھ ایسی افشا بھی نہیں ملتی

ہم دِل تو لگا لیتے دنیا میں کہیں لیکن
جب آپ نہیں ملتے دنیا بھی نہیں ملتی

مت پوچھ اکیلا پن عالم میں کوئی ہستی
بالا تو کہاں ملتی، ہمتا بھی نہیں ملتی

ملنے کے لیے کوئی زنجیر ضروری ہے
جب بیل نہیں ملتی بیلا بھی نہیں ملتی

انجامِ وفا پوچھو فرہاد سے، مجنوں سے
شیریں بھی نہیں ملتی لیلا بھی نہیں ملتی

٭

کوئی شام، کوئی سحر جائے گا
جو پیدا ہوا ہے، وہ مر جائے گا

زمین و مہ و انجم و کہکشاں
یہ شیرازہ اِک دِن بکھر جائے گا

وہ مہمان خانہ ہے دنیا کہ کوئی
نہ چاہے گا جانا مگر جائے گا

نہ معلوم جانا ہو پہلے کسے
پدر جائے گا یا پسر جائے گا

اب ایسی بھی کیا فکر انجام کی
گزرنا ہے جو کچھ، گزر جائے گا

زمیں پر تو کچھ اور بَل پڑ گئے
سنا تھا، یہ نقشہ سدھر جائے گا

سروں سے گزر جائے گی ہاؤ ہُو
جو سچ ہے، وہ دِل میں اُتر جائے گا

اناالحق تو میں آج کہہ دوں مگر
مرا جسم پھولوں سے بھر جائے گا

کہیں محفلِ مَے نہیں شام کو
شعورؔ آج دفتر سے گھر جائے گا

۞

اِس خیاباں میں جسے لوگ ارم جانتے ہیں
ہم نے اس طرح گزاری ہے کہ ہم جانتے ہیں

کیا کہیں اپنی زباں سے ہم امیدیں اُن سے
ایسی باتیں تو سبھی اہلِ کرم جانتے ہیں

چند موتی، جو ابھی خاک میں مل جائیں گے
تیری اوقات ہم اے دیدۂ نم جانتے ہیں

ایک حالت میں گزرتے ہیں ہمارے دِن رات
ہم خوشی جانتے ہیں اور نہ غم جانتے ہیں

تیری خدمات تو کیا جانتے ہوں گے وہ شعورؔ
شہر کے لوگ ترا نام بھی کم جانتے ہیں

✵

خاک ہوں، اور خاکسار ہوں میں
دستِ فطرت کا شاہکار ہوں میں

چارہ گر بولنے نہ دیتے تھے
سینہ چاک و جگر فگار ہوں میں

نااُمیدی بھی ہے، اُمید بھی ہے
دوشِ اضداد پر سوار ہوں میں

ہر جگہ فرد، ہر جگہ ممتاز
سازشوں کا نہ کیوں شکار ہوں میں

مجھ سا تنہا کوئی نہیں ہے شعورؔ
یعنی یکتائے روزگار ہوں میں

✿

حیران ہے زمیں کہ یہ بے پر کا آدمی
میرا ہے آج یا مہ و اختر کا آدمی

کب سے اسی گلی میں، اسی گھر میں ہوں مگر
پہچانتا نہیں ہے برابر کا آدمی

پیدا ہوا ہے میری طرح وہ بھی خاک سے
لگتا ہے پھر بھی کانچ کا، مرمر کا آدمی

دونوں میں کیا موازنہ اِس کے سوا کروں
یہ گھر کا آدمی ہے، وہ باہر کا آدمی

انسان کو اگر کبھی حبسِ ہجوم سے
باہر نکالتا ہے تو اندر کا آدمی

ہم کیا کریں شعورؔ جو یہ حال ہے ترا
کاتب ہے آپ اپنے مقدر کا آدمی

✲

کئی دِن سے سنّاہٹا مجھ میں ہے
کوئی مجھ سے شاید خفا مجھ میں ہے

کسی دِن اچانک بکھر جاؤں میں
یہ امکان بے انتہا مجھ میں ہے

اکیلا نہیں ہونے دیتا مجھے
کوئی دوسرا تیسرا مجھ میں ہے

میں ہوں اپنا رفتہ بھی، آیندہ بھی
جو ہے مجھ میں ہوگا، جو تھا مجھ میں ہے

کسی اور کو کیا پڑی ہے شعورؔ
بھلا کون میرے سوا مجھ میں ہے

❁

کیا بیابان، کیا نگر جاؤ
ایک ساحال ہے جدھر جاؤ

خودکشی تک حرام ہے یعنی
یہ بھی ممکن نہیں کہ مر جاؤ

عشق میں ذات کیا، اَنا کیسی
اِن مقامات سے گزر جاؤ

اور آلودہ مت کرو دامن
آنسوؤ! روح میں اتر جاؤ

سُکھ سڑک پر پڑا نہیں ملتا
کُوبہ کُوبہ جاؤ، دَر بہ دَر جاؤ

میں تو قیدِ مکاں نہ توڑ سکا
اے خیالو! تمھی بکھر جاؤ

جانے کب سے بھٹک رہے ہو شعورؔ
رات ڈھلنے لگی ہے، گھر جاؤ

✲

ہمیشہ خوش بیانی میں رہا ہے
قلم میرا روانی میں رہا ہے

محبت کے مناظر کٹ گئے ہیں
بھلا اب کیا کہانی میں رہا ہے

تمہارا رند پیاسا، یاد رکھنا
تمہاری میزبانی میں رہا ہے

ہمارے ساتھ تھا صحرا میں مجنوں
پتہ ہے کتنے پانی میں رہا ہے

شعورؔ اب جا رہا ہے، روکنا مت
بہت دِن دارِ فانی میں رہا ہے

✻

پاتا نہیں، چاہتا بہت ہوں
کرتا نہیں، سوچتا بہت ہوں

کب اور کہاں نہیں رہا یاد
دیکھا ہے بہت، ملا بہت ہوں

حالات مرے نہیں سدھرتے
حالانکہ سدھارتا بہت ہوں

بیکار گزر رہے ہیں دِن رات
کاموں میں گِھرا ہوا بہت ہوں

جو ذہن میں ہے، زمین پر وہ
ملتا نہیں، ڈھونڈتا بہت ہوں

دو عیب ہیں بس شعورؔ مجھ میں
بدنام بہت، برا بہت ہوں

٭

تم نے جو عہد کیے تھے وہ سبھی توڑے ہیں
اب تو آ جاؤ کہ اب عمر کے دِن تھوڑے ہیں

آج مر جاؤں تو نکلیں نہ کفن کے پیسے
یوں تو کہنے کو مرے پاس کئی جوڑے ہیں

اے زر و سیم کے انبار لگانے والے
دیکھ، یہ ماضیٔ مرحوم کے کچھ توڑے ہیں

کون سا جرم کروں، فاقہ کشی یا چوری
اِس کی تعزیز اَجل،اُس کی سزا کوڑے ہیں

دَستِ مزدور جھٹکنے سے نہیں جھک سکتا
اجر مانگا ہے، کوئی ہاتھ نہیں جوڑے ہیں

آنے والوں سے مٹائے نہ مٹیں گے صدیوں
جانے والوں نے عجب نقش و نشاں چھوڑے ہیں

ہیں تو گمراہ شعورؔ آپ مگر وہ گمراہ
جس نے کچھ قافلۂ دہر کے رُخ موڑے ہیں

۔۔۔۔

نہ ہوں آنکھیں تو پیکر کچھ نہیں ہے
جو ہے باہر ہے، اندر کچھ نہیں ہے

محبت اور نفرت کے علاوہ
جہاں میں خیر یا شر کچھ نہیں ہے

مجھے چھوٹی بڑی لگتی ہیں چیزیں
یہاں شاید برابر کچھ نہیں ہے

حقیقت تھی سو میں نے عرض کردی
شکایت بندہ پرور کچھ نہیں ہے

نہ ہو کوئی شریکِ حال اُس میں
تو انساں کے لیے گھر کچھ نہیں ہے

دریچہ کھول کر دیکھا تھا میں نے
قریب و دور منظر کچھ نہیں ہے

۞

ایک ہیں سب، جدا نہیں کوئی
دوسرا   تیسرا   نہیں   کوئی

حال ایک ایک کو بتاتا ہوں
مجھ   سے   گو   پوچھتا   نہیں   کوئی

غالباً   کائنات   میں   میرے
اور   تیرے   سوا   نہیں   کوئی

وقت   اچھا   بُرا   بناتا   ہے
ورنہ   اچھا   بُرا   نہیں   کوئی

ہیں   سزائیں   بہت   گناہوں   کی
نیکیوں   کی   جزا   نہیں   کوئی

اجنبی   پھر   بھی   اجنبی   ہیں   شعورؔ
آشنا   آشنا   نہیں   کوئی

کنارے آج کشتی لگ رہی ہے
مجھے ہر چیز اچھی لگ رہی ہے

ترے ہوتے جو جچتی ہی نہیں تھی
وہ صورت آج خاصی لگ رہی ہے

جہاں تک ہو سکے، آنکھیں کھلی رکھ
اگر دنیا بُری بھی لگ رہی ہے

گلی پر ایک خاموشی ہے طاری
یہ آہٹ تو تمہاری لگ رہی ہے

محبت میں پلٹ آتا ہے ماضی
جوانی، نوجوانی لگ رہی ہے

چراغاں دید کے قابل ہے لیکن
مجھے تو رات اندھیری لگ رہی ہے

شعورؔ! آدم نہ آدم زاد کوئی
بڑی سنسان بستی لگ رہی ہے

٭

خیالوں میں پرواز کرنے کا شوق
ملا ہے پری پیکروں سے ہمیں

زمیں کی سیاحت کو نکلے تھے ہم
گزرنا پڑا سرحدوں سے ہمیں

محبت کا آسان سا تجربہ
ہوا ہے بڑی مشکلوں سے ہمیں

۞

اس بیاباں سے دِل بھر رہا ہے
قیس قصدِ سفر کررہا ہے

ایک دو دِن نہیں کی، محبت
شوق یہ زندگی بھر رہا ہے

راستے بھر تعاقب میں میرے
کوئی سایہ برابر رہا ہے

میں بھی ہوں سامنے، زندگی بھی
کون کس سے وفا کررہا ہے

ایک برسات میں اِک مسافر
رات بھر کو مرے گھر رہا ہے

اے شعورؔ اُس نے پوچھا تو ہوگا
جی رہا ہے کہ وہ مررہا ہے؟

٭

گئے تھے ہم بڑے تیار ہوکر
چلے آئے ذلیل و خوار ہوکر

ملے ہیں کچھ کھنڈر صدیوں پرانے
مکاں مٹتے نہیں مسمار ہوکر

ذرا سی زندگی ہے، کیا کروگے
کسی سے برسرِ پیکار ہوکر

مجھے بلبل کی آواز آرہی ہے
ابھی آتا ہوں میں گلزار ہوکر

سرائے صرف سونے کے لیے تھی
مسافر چل دیا بیدار ہوکر

نصیحت کب وہ سنتا تھا کسی کی
شعورؔ اچھا ہوا بیمار ہوکر

مری حیات ہے بس رات کے اندھیرے تک
مجھے ہوا سے بچائے رکھو سویرے تک

دکانِ دِل میں نوادر سجے ہوئے ہیں مگر
یہ وہ جگہ ہے کہ آتے نہیں لٹیرے تک

مجھے قبول ہیں یہ گردشیں تہہِ دِل سے
رہیں جو صرف ترے بازوؤں کے گھیرے تک

سڑک پہ سوئے ہوئے آدمی کو سونے دو
وہ خواب میں تو پہنچ جائے گا بسیرے تک

چمک دمک میں دِکھائی نہیں دیے آنسو
اگرچہ میں نے یہ نگ راہ میں بکھیرے تک

کہاں ہیں اب وہ مسافر نواز بہتیرے
اٹھا کے لے گئے خانہ بدوش ڈیرے تک

تھکا ہوا ہوں مگر اِس قدر نہیں کہ شعورؔ
لگا سکوں نہ اب اُس کی گلی کے پھیرے تک

۞

خودکشی ہی کا اِرادہ ہے تو پھر
ایک پل میں، زندگی بھر میں نہیں

نیکیوں کا اجر ہے کوئی تو کاش
آج ہی مل جائے، محشر میں نہیں

✵

کوئی ڈھونڈے تو کیا ملتا نہیں ہے
فقط اپنا پتہ ملتا نہیں ہے

وہ ہوتا ہے اگر موجود گھر میں
تو دروازہ کھلا ملتا نہیں ہے

میں کوئی کام کرنا چاہتا ہوں
مگر موقع ذرا ملتا نہیں ہے

حقیقی ہم سفر اے راہگیرو!
کوئی اپنے سوا ملتا نہیں ہے

جو مل جائے، جدا ہوتا ہے لیکن
جو ہوجائے جدا، ملتا نہیں ہے

شعورؔ انسان دورِ ابتلا میں
کسی سے کیا بھلا ملتا نہیں ہے

۞

صورتیں کیا بدلتا رہوں میں
جیسا اب ہوں، ہمیشہ رہوں میں

شہر در شہر، صحرا بہ صحرا
وقت کے ساتھ چلتا رہوں میں

اُس کی تائید میں ہونٹ کھولوں
ورنہ چپ چاپ سنتا رہوں میں

آسماں آگ برسائے یا ہُن
ایک دریا ہوں، بہتا رہوں میں

جبر و جنگ و جفا و جدل کے

کاروانوں کا رستہ رہوں میں

ایک دم کیوں نہ مر جاؤں آخر

ایڑیاں کیوں رگڑتا رہوں میں

اِس خرابے میں اب کیا رہا ہے

اِس خرابے میں اب کیا رہوں میں

❊

مہر بہ لب ہی رہوں یا غمِ دِل وا کروں
سخت پریشان ہوں، کیا نہ کروں کیا کروں

میں ہوں مسافر کی رات اے حرکت اے حیات
آ ہمہ تن گوش ہو تجھ پہ کچھ افشا کروں

مُڑ کے ترا دیکھنا یاد ہے اب تک مجھے
کیوں نہ بھلا بار بار آئینہ دیکھا کروں

تُو نے تو احباب کو دشمنِ جاں کردیا
آہ ترا کیا علاج اے لبِ گویا کروں

صبر کی صورت کوئی ہے تو یہی ہے شعورؔ
تركِ تعلق نہیں، تركِ تمنا کروں

وہ گل فروش کہاں اب، گلاب کس سے لوں
نہیں رہا مرا ساقی، شراب کس سے لوں

تری تلاش میں اِس عمرِ مستعار کے سال
جو رائگاں گئے، اُن کا حساب کس سے لوں

حیات خود ہے سوال اور خود جواب اپنا
سوال کس سے کروں میں جواب کس سے لوں

کسی کے نام جو منسوب ابھی نہیں کی تھی
میں اپنی کھوئی ہوئی وہ کتاب کس سے لوں

تمہارے بعد نہ دیکھوں تمہارے جیسوں کو
تو یہ شبیں، یہ اُمنگیں، یہ خواب کس سے لوں

نشہ کسی سے بھی لے لوں شعورؔ آج مگر
وہ روزِ ابرو شبِ ماہتاب کس سے لوں

❈

اب کہ میں جب کی طرح بے سروسامان نہیں
کاش تُو خود ہو مرے پاس ترا دھیان نہیں

گو یہ دِن آج سے پہلے نہ پڑا تھا لیکن
آج کے بعد بھی اِس کا کوئی امکان نہیں

جو فقیہوں کا خدا ہے، وہ نہیں ہے میرا
اور اگر ہو بھی تو اُس پر مرا ایمان نہیں

ہوگیا آکے بغل گیر جب اُس نے دیکھا
اِس سے کترا کے گزرنا کوئی آسان نہیں

صرف تاریکی و تنگی نہیں، میں بھی ہوں یہاں
یہ گھر اِک قبر ہے ایسی کہ جو ویران نہیں

میں اگر خود نہ پریشان پھروں تو مجھ تک
کیسے پہنچے گی وہ خوشبو جو پریشان نہیں

آ کہ ترستا ہوں میں ہم سفری کے لیے
تُو بھی نکل گھر سے اب دَر بہ دَری کے لیے

آگہی و علم کا میں نہیں منکر مگر
بے خبری چاہیے باخبری کے لیے

بزم میں اُس کی طرف آنکھ اُٹھا کر فضول
خوار ہوئے ہم فقط خوش نظری کے لیے

سوکھنے والی ہیں اب سبز تھیں جو پتیاں
من کے چمن میں کسی بھاگ بھری کے لیے

پھول کی ہر پنکھڑی جھیل گئی آندھیاں
زور ضروری نہیں بے جگری کے لیے

حسن سے پہلے شعورؔ حسن کے آثار دیکھ
شرط ہے یہ امتحاں دیدہ وری کے لیے

࿇

نہ پوچھو مصریو! کیا چاہیے ہے
میں یوسف ہوں، زلیخا چاہیے ہے

قلم یا موقلم سے کیا بتاؤں
جو صورت، جو سراپا چاہیے ہے

نظر آتا ہے کم کم گل رُخوں میں
مجھے جو ناک نقشہ چاہیے ہے

طلب تو آپ ہی کی تھی مگر اب
کوئی بھی آپ جیسا چاہیے ہے

عیادت کرنے والے تو بہت ہیں
مریضوں کو مسیحا چاہیے ہے

تمھارا ہجر میں یہ حال آنکھو؟
تمھیں تو بس تماشا چاہیے ہے

شعورؔ اب تک اُسی شے کی کمی ہے
وہی جو چاہیے تھا، چاہیے ہے

❉

اِصرار کہاں کرواتا ہے
جسے آنا ہو آ جاتا ہے

تری قامت عام سی ہے لیکن
شمشاد بہت شرماتا ہے

وہی شخص جو ڈھونڈ کے ملتا تھا
کہیں دیکھے تو کتراتا ہے

مجھے باہر آنے جانے پر
کوئی اندر سے اُکساتا ہے

مری حالت پر جو ہنستے ہیں
مجھے اُن پر رونا آتا ہے

تری صورت دیکھی ہے جب سے
مجھے پھول نہایت بھاتا ہے

ہے آنی جانی یہ دنیا
کوئی آتا ہے، کوئی جاتا ہے

جسے خون جلانا آتا ہو
وہی کوئی دیپ جلاتا ہے

یہی دھرتی میرا تاج محل
یہی دھرتی میری ماتا ہے

کبھی سینے میں چاپ اُٹھتی ہے
کبھی کاگا شور مچاتا ہے

دکھ سب پر آتے ہیں لیکن
کوئی روتا ہے، کوئی گاتا ہے

غمِ دَوراں ہے وہ بلا جس سے
غمِ جاناں بھی گھبراتا ہے

سب رات کو جب سوجاتے ہیں
کوئی چپکے سے آجاتا ہے

اے حُور نما اے گندم گُوں
تجھے دیکھ کے جی للچاتا ہے

ترے سُر ساگر کی لہروں پر
مرا دِل دریا بل کھاتا ہے

کسے ہم سے کوئی کام شعورؔ
کوئی آتا ہے نہ بلاتا ہے

٭

معراج بھی ہر رات کے مانند نکل جائے
اِتنی نہ جلا آنکھ کہ یہ شمع پگھل جائے

دِل کو نہ سدھرنا تھا، نہ سدھرا تو ہم آخر
اب اِس پہ کمر بستہ ہیں، دنیا ہی بدل جائے

پہلے تری دُوری میں فقط موت کا ڈر تھا
اب تو مجھے ڈر ہے کہ طبیعت نہ سنبھل جائے

کرتے ہو مری ہُو پہ گماں بے اثری کا؟
اِس ہُو پہ کسی دِن دِلِ گیتی نہ دہل جائے

مت پوچھ شعورؔ اہلِ کراچی کے مصائب
اے کاش اب اس شہر کو سیلاب نگل جائے

❋

تری تلاش میں نکلے ہوؤں کا حصہ ہیں
وہ صورتیں جو نہ معدوم ہیں نہ پیدا ہیں

ہزار ذائقے ہوں گے حیات کے لیکن
ہم ایک ذائقۂ تلخ سے شناسا ہیں

ہمیں ہو شرم ذرا بھی تو ڈوب مرنے کو
چناب و جہلم و راوی، بہت سے دریا ہیں

عجب تھے سچ کے لیے جان دینے والے بھی
پڑے ہیں شہرِ خموشاں میں پھر بھی زندہ ہیں

یہ گاہ گاہ کا ملنا بھی ہے بہت ورنہ
ہمارے تم ہو بھلا کیا، تمہارے ہم کیا ہیں

بڑوں کو دیکھ کے ہوتی ہے سخت حیرانی
یہ کوئی اور نہیں ہے، ہمارے آبا ہیں

تم اب سے قبل بھی ملتے تھے، اب بھی ملتے ہو
ہم اب سے قبل بھی تنہا تھے، اب بھی تنہا ہیں

✻

قلاش گو زمین پہ مجھ سا کوئی نہیں
پیتا ہوں زہرِ گُرسنگی، تشنگی نہیں

ویسے تو اِس جہان کی رونق میں کیا کلام
جس کے لیے یہ بزم سجی تھی، وہی نہیں

ہم درد و ہم مزاج میں کیا فرق ہے نہ پوچھ
دکھ بانٹنے کو گھر میں سبھی ہیں، سبھی نہیں

پلکوں کی چلمنوں سے ہیں آنکھیں ڈھکی ہوئی
کیا ہے، بہن کے سر پہ اگر اوڑھنی نہیں

دنیا میں کوئی حال ہو، کڑھنے سے فائدہ؟
دِل کو یہاں سکون کبھی ہے، کبھی نہیں

تھکتا نہ تھا جو بولتے، آج اُس شعورؔ کو
ایسی لگی ہے چپ کہ نہ جی ہاں، نہ جی نہیں

کچھ دِن تو کر تعاون اے خوش صفات مجھ سے
تنہا نہ ہو سکے گی تکمیلِ ذات مجھ سے

حیران ہوں کہ اُس تک کس کس جہت سے پہنچوں
آوارگی طلب ہیں صدہا جہات مجھ سے

کیوں اے حیاتِ رفتہ! روکے ہوئے ہے رَستہ
کیا چاہتی ہے آخر اے بے ثبات مجھ سے

اخلاص، اُنس، اُلفت سب اشتہا ہے لوگو!
تفصیل خود سمجھنا سُن لو نکات مجھ سے

گردش میں ہیں ستارے ہے کوئی جو پکارے
آ اے غریبِ کوچہ لے جا زکات مجھ سے

❋

سوال ہی نہیں دنیا سے میرے جانے کا
مجھے یقین ہے جب تک کسی کے آنے کا

ملے سفر میں ٹھکانے تو بے شمار مگر
ملا نہ ہمسفروں میں کوئی ٹھکانے کا

کئی تو زندۂ جاوید بھی ہوئے مر کے
کسی کے ہاتھ نہ آیا سِرا زمانے کا

کھلی ہوا کے سِوا باغباں سے کیا مانگوں
معاوضہ نہیں لیتے طیور گانے کا

نظامِ زر میں کسی اور کام کا کیا ہو
بس آدمی ہے کمانے کا اور کھانے کا

❋

دِل کی کلی کھلے کئی موسم گزر گئے
اُس لب سے لب ملے کئی موسم گزر گئے

اب کیا رکھوں بہار سے شنوائی کی اُمید
کرتے ہوئے گِلے کئی موسم گزر گئے

یادش بخیر ہم نے بھی دیکھے تھے باغ میں
پھولوں کے سلسلے، کئی موسم گزر گئے

عیدیں تمہارے بعد بھی آتی رہیں مگر
کپڑے نہیں سلے کئی موسم گزر گئے

اے عندلیبِ گلشنِ شعرو سخن شعورؔ
تیری زباں ہلے کئی موسم گزر گئے

❁

کچھ لکیریں روز نقشے سے مٹا دیتی ہے آگ
کیسے کیسے شہر مٹی میں ملا دیتی ہے آگ

زندہ رہنا، جلتے رہنے کے برابر ہے مگر
زندگی ایک آگ ہے، کندن بنا دیتی ہے آگ

جو کلی کھلتی ہے کیاری میں، جلا دیتی ہے دھوپ
جو دِیا جلتا ہے دھرتی پر، بجھا دیتی ہے آگ

ایک بچہ بھی ملا جھلسے ہوئے افراد میں
پیڑ کے ہمراہ گل بوٹے جلا دیتی ہے آگ

یاد اب اوّل تو آتی ہی نہیں اُس کی شعورؔ
اور آتی ہے تو سینے میں لگا دیتی ہے آگ

٭

اگرچہ ہیں وہ اِسی شہر کے مکینوں میں
گزشتہ سال ملے تھی انہی مہینوں میں

تم اور اتنی تواضع؟ یقیں نہیں آتا
شراب سی ہے نگاہوں کے آبگینوں میں

لبوں پہ مہر لگے چار دِن ہوئے ہیں مگر
ابھی سے آگ بھڑکنے لگی ہے سینوں میں

سب اپنے اپنے دُر و لعل گاڑ آتے ہیں
لحد سا کوئی دفینہ نہیں دفینوں میں

گلے تو فاتح و مفتوح مل رہے ہیں شعورؔ
مگر چھپے ہوئے خنجر ہیں آستینوں میں

❋

دھیان میں وا دریچۂ چشمِ کرم کیے ہوئے
بیٹھے ہیں اپنے دشت کو باغِ ارم کیے ہوئے

دیکھ رہا ہوں دَور میں سارے صراحی و سُبو
جامِ سفالِ صبر کو ساغرِ جم کیے ہوئے

صبح وہ جتنی دیر تک باغ میں گھومتا رہا
سرو و سمن کھڑے رہے گردنیں خم کیے ہوئے

اُس کے جواب کی مجھے آج بھی ہے اُمید سی
جیسے ہوئے ہوں چار دِن حال رقم کیے ہوئے

اے مرے ہم نواؤ آؤ آج بہت شَبیں ہوئیں
نعرہ زناں ہوئے ہوئے، دم ہمہ دم کیے ہوئے

رات معاصروں میں ہم لے کے گئے غزل شعورؔ
پہنچے ہوا کے سامنے شمع علم کیے ہوئے

＊

خدا کا شکر، سہارے بغیر بیت گئی
ہماری عمر تمہارے بغیر بیت گئی

ہوئی نہ شمع فروزاں کوئی اندھیرے میں
شبِ فراق ستارے بغیر بیت گئی

وہ زندگی جو گزارے نہیں گزرتی تھی
ترے طفیل گزارے بغیر بیت گئی

نہ بیتتی تھی کبھی جس کی چاند رات اُس کی
سہاگ رات ہمارے بغیر بیت گئی

شعورؔ تیز رہی زندگی کی دوڑ اِتنی
کہ ہار جیت شمارے بغیر بیت گئی

※

سرو کو، سوسن کو، سنبل کو، سمن کو کیا ملا
آپ کو تو مل گئی جنت، چمن کو کیا ملا

بستیوں کو پل میسر آ گئے، باغوں کو گل
پر چناب و راوی و گنگ و جمن کو کیا ملا

آپ کو فطرت نے فردوسِ نظر انعام کی
آبشار و وادی و دشت و دمن کو کیا ملا

انجمن میں تو رہا اِک جشن برپا صبح تک
رات بھر جلنے سے شمعِ انجمن کو کیا ملا

کھیت میں آئی تھی کوسوں دور سے چل کر پون
بالیاں تو لہلہا اُٹھیں، پون کو کیا ملا

صاحبانِ ساز و اربابِ سخن نامی ہوئے
ساز کو کیا ہوگیا حاصل، سخن کو کیا ملا

کیا کروں پہلو میں دِل رکھتا ہوں گو معلوم ہے
قیس کو کیا فیض پہنچا کوہکن کو کیا ملا

سننے والوں نے تو لوٹی دولتِ سوز و سرور
نوحہ گر نے کیا کمایا نغمہ زن کو کیا ملا

فن کا ہدیہ کون دے سکتا ہے پھر بھی اے شعورؔ
اہلِ فن نے کیا دیا اور اہلِ فن کو کیا ملا

✿

کماں بردوش و آہن پوش رہتا
تو کیا میں اِس طرح خاموش رہتا

نہ رہتا میں، اگر میری رگوں میں
لہو رہتا، لہو میں جوش رہتا

تو کیا اُس بے مروت کے لیے میں
قیامت تک تہی آغوش رہتا

کہاں رہتا، اگر افسانہ میرا
نہ مابینِ زبان و گوش رہتا

خبر ہوتی کہ یوں چھپتا پھروں گا
تو اپنے آپ میں روپوش رہتا

❋

فرشتوں سے بھی اچھا میں بُرا ہونے سے پہلے تھا
وہ مجھ سے انتہائی خوش خفا ہونے سے پہلے تھا

حقیقت سے خیال اچھا ہے، بیداری سے خواب اچھا
تصور میں وہ کیسا سامنے ہونے سے پہلے تھا

اگر معدوم کو موجود کہنے میں تامل ہے
تو جو کچھ بھی یہاں ہے آج، کیا ہونے سے پہلے تھا

کسی بچھڑے ہوئے کا لوٹ آنا غیر ممکن ہے
مجھے بھی یہ گماں اِک تجربہ ہونے سے پہلے تھا

شعورؔ اِس سے ہمیں کیا، انتہا کے بعد کیا ہوگا
بہت ہوگا تو وہ، جو ابتدا ہونے سے پہلے تھا

٭

میں تمھی کو کر رہا تھا یاد آؤ
چشمِ ما روشن دِل ماشاد آؤ

ہم گھروں میں ہیں کہ زندانوں میں ہیں
آؤ یہ گلیاں کریں آباد آؤ

خود بھی آجایا کرو، یہ کیا کہ جب
عندلیبوں سے سنو فریاد، آؤ

اب ہم اپنے ساتھ کچھ باتیں کریں
سو چکے ہیں گھر کے سب افراد، آؤ

عشق میں کوئی بڑا چھوٹا نہیں
اے شعورؔ، اے قیس، اے فرہاد آؤ

موضوعِ گفتگو تری تقریر ہوگئی
پیدا زبانِ خلق میں تاثیر ہوگئی

اے سعیٔ پردہ داریٔ احوال مرحبا
کس کس معاملے کی نہ تشہیر ہوگئی

بھولے سے آنکھ بھر کے اسے دیکھ کیا لیا
وہ زلفِ راہگیر، عناں گیر ہوگئی

فیاضی و سخاوت و انعام و التفات
یہ مملکت تو آپ کی جاگیر ہوگئی

کیا ہو اُسے شعورؔ تجھے دیکھنے کا شوق
شعروں سے آئینہ تری تصویر ہوگئی

❁

میں اپنی قدر اُس کے در پہ جا کے دیکھ آیا ہوں
صدائیں دے کے، سانکل کھٹکھٹا کے دیکھ آیا ہوں

ہر اہلِ دیدۂ بینا، دِل بینا نہیں رکھتا
بہت اچھی طرح صورت دِکھا کے دیکھ آیا ہوں

دیانت، عدل اور انصاف مہمل ہیں کہ بامعنی
جہاں گیروں کی زنجیریں ہلا کے دیکھ آیا ہوں

دِل ناراض مر جائے گا لیکن گھر نہ آئے گا
اسے اچھی طرح سمجھا بجھا کے دیکھ آیا ہوں

یہاں اِک مرتبہ جو سو گیا، وہ پھر نہیں اُٹھتا
میں سارے سونے والوں کو جگا کے دیکھ آیا ہوں

سنا تھا، مسکراہٹ میں ہوا کرتا ہے جادو سا
کئی بار اُس کی جانب مسکرا کے دیکھ آیا ہوں

شعورؔ اہلِ سخن کے قدر دانوں کی سخن فہمی
کل اِک محفل میں کچھ غزلیں سنا کے دیکھ آیا ہوں

❊

بازاروں میں پھرتے پھرتے دِن بھر بیت گیا
کاش ہمارا بھی گھر ہوتا، گھر جاتے ہم بھی

ہم روتے دھوتے ہی نہ رہتے اے مرنے والو!
مر کے اگر پا سکتے تم کو، مرجاتے ہم بھی

٭

ہو گئے دِن جنھیں بھلائے ہوئے
آج کل ہیں وہ یاد آئے ہوئے

میں نے راتیں بہت گزاری ہیں
صرف دِل کا دِیا جلائے ہوئے

ایک اُسی شخص کا نہیں مذکور
ہم زمانے کے ہیں ستائے ہوئے

ہم نے آواز دی تو چونک پڑے
جارہے تھے نظر چُرائے ہوئے

سونے آتے ہیں لوگ بستی میں
سارے دن کے تھکے تھکائے ہوئے

مسکرائے بغیر بھی وہ ہونٹ
نظر آتے ہیں مسکرائے ہوئے

گو فلک پہ نہیں، پلک پہ سہی
دو ستارے ہیں جگمگائے ہوئے

الوداعی مقام تک آئے
ہم نظر سے نظر ملائے ہوئے

اے شعورؔ اور کوئی بات کرو
ہیں یہ قصے سنے سنائے ہوئے

✻

توفیقِ علم و حلم و شرافت نہیں مجھے
حاصل کسی طرح کی سعادت نہیں مجھے

جب سے سنی ہیں متّقیوں کی کرامتیں
اپنے کیے پہ کوئی ندامت نہیں مجھے

دِل چاہتا تو ہے کہ ہوس کاریاں کروں
لیکن یہ استطاعت و ہمت نہیں مجھے

خوبانِ شہر بھی نہ ہوئے مجھ پہ ملتفت
میں بھی وہ بددِماغ کہ حسرت نہیں مجھے

تاحشر حاسدوں کو سلامت رکھے خدا
ان کے طفیل کون سی راحت نہیں مجھے

دَر پے ہوا ہی کرتے ہیں کج فہم و کم نظر
ان احمقوں سے کوئی شکایت نہیں مجھے

لکھی گئی ہیں نامۂ اعمال میں مرے
جن لغزشوں سے دُور کی نسبت نہیں مجھے

کیا کیا ہوئیں نہ حوصلہ افزائیاں کہ اب
زنہار صبر و ضبط کی طاقت نہیں مجھے

چپ ہوں کہ بارگاہِ حقیقت پناہ سے
اَسرار کھولنے کی اجازت نہیں مجھے

٭

ایسے دیکھا ہے کہ دیکھا ہی نہ ہو
جیسے اُس کی مجھے پروا ہی نہ ہو

یہ سمجھتا ہے ہر آنے والا
میں نہ آؤں تو تماشا ہی نہ ہو

بعض گھر شہر میں ایسے دیکھے
جیسے اُن میں کوئی رہتا ہی نہ ہو

مجھ سے کترا کے بھلا کیوں جاتا
شاید اُس نے مجھے دیکھا ہی نہ ہو

رات ہر چاپ پہ آتا تھا خیال
اُٹھ کے دیکھوں، کوئی آیا ہی نہ ہو

کیسے چھوڑوں دَر و دیوار اپنے
کیا خبر لوٹ کے آنا ہی نہ ہو

ہیں سبھی غیر تو اپنا مسکن
شہر کیوں ہو، کوئی صحرا ہی نہ ہو

یوں تو کہنے کو بہت کچھ ہے شعورؔ
کیا کہوں، جب کوئی سنتا ہی نہ ہو

کب سے اسی گلی میں اسی گھر میں ہوں مگر

پہچانتا نہیں ہے برابر کا آدمی

I0099141

9 780998 515724